# 터키어회화 첫걸음

# Türkiye

김대성

BGL

터키를 방문하는 사람 누구나 다양한 문화가 공존하는 모습을 보고 감탄을 하게 된다. 터키가 자리잡고 있는 소아시아 지역에서는 로마, 비잔틴제국과 기독교 문화가 꽃을 피웠고 그 다음에 14세기부터 오스만제국을 건설한 터키인들의 문화와 이슬람 문화가 발전했던 모습을 만날 수 있다. 따라서 터키에 가면 여행객들은 과거와 현재를 만나고 동시에 동서양의 문화를 한 곳에서 경험하는 기회를 얻는다. 여름철 휴가기간이 되면 유럽인이나 동양인이 다함께 문화의 다양성을 경험하려고 이스탄불로 몰려든다. 일년 간 터키를 찾는 관광객은 그 수가 이천이백만 명에 이른다고 하니, 이것이 바로 터키의 매력을 보여주는 증거이다.

터키에 존재하는 문화적 다양성 외에도 한국인들에게 터키는 또 다른 의미를 가지고 있다. 언어적 측면에서 터키어는 한국어와 어순과 문법체계가 유사해 두 언어가 알타이어계에 속한다고 분류되고 있으며 이처럼 유사한 언어 체계는 서로에게 유대감을 쉽게 갖게하는 이유이다. 이런 측면에서 보면, 한국인은 다른 어떤 민족과 비교해 볼 때 터키어를 용이하게 배울 수 있는 이점을 가졌다. 터키어는 아제르바이잔, 투르크메니스탄, 우즈베키스탄 언어 등과 매우 유사해 터키어를 구사하는 사람은 중앙아시아 국가들의 언어를 큰 어려움이 없이 익힐 수 있다.

# Önsöz

최근에 중앙아시아 국가들이 자원대국으로 알려지면서 터키어 언어권에 대한 연구가 큰 관심사로 떠올랐다. 터키는 최근 5년간 경제성장률이 최고 9%를 기록하여 주변 국가 가운데 가장 높은 경제성장률을 나타냈다. 2005년 외국인 직접 투자는 84억 달러로 증가했으며 국가도 외국인 투자를 유치하려고 민영화 작업에 박차를 가해서 2006년에는 국영통신사 민영화의 영향으로 97억 달러가 외국인 직접 투자금액으로 유입됐다. 터키에 인접한 아제르바이잔은 2006년 경제성장률이 약 30%로 나타나서 터키어 언어권에 대한 국제적 관심이 증가하는 추세를 보이고 있다.

이 책은 터키어를 배우려는 사람들을 위해 초보단계에서부터 중급단계의 회화를 익힐 수 있도록 꾸며졌다. 특히, 1~3과에서는 초보자들이 터키어 문장을 스스로 읽을 수 있게 터키어 발음을 써놓았고 동시에 터키어 문장의 뜻도 함께 적었다. 4과에서는 본문의 발음을 쓰는 것을 생략하고 터키어 문장의 뜻만을 적었으며 5과부터는 본문을 스스로 이해할 수 있는 연습을 하도록 본문 이해에 필요한 단어만을 제시하였다. 본문을 쉽게 읽을 수 있게 본문 전체를 터키인들의 음성으로 녹음하였다. 터키어 발음을 익힐 수 있는 최선의 방법은 MP3파일로 제작된 현지인 음성녹음을 자주 듣는 것이다. 이 책을 활용해 많은 한국인들이 터키와 중앙아시아를 쉽고 효율적으로 이해하고 접근함으로써 양 지역의 민족 상호간에 활발한 교류가 전개될 수 있기를 바란다.

이 책에서 발견되는 부족한 점은 차후 보완할 것을 약속드린다. 이 책을 한국과 터키어권 국민들이 교류하고 협력하는데 관심이 있는 모든 분들게 드리고자 한다. 이 책은 2007년도 한국외국어대학교 학술연구비 지원으로 완성되었다.

끝으로 이 책이 나올 수 있도록 도와준 터키 앙카라대학교 언어연수원 교수인 Bayram KOSE, 원어민 녹음에 도움을 주신 앙카라대사관의 상무관 Belma Hanım, 한국외국어대학교 국제지역대학원에 재학중인 터키인 유학생 Murat, 언어연수 과정에서 한국어를 공부하는 Mehmet와 Halil에게, 그리고 편집과정에서 도움을 아끼지 않으신 출판부 탁경구 선생님, 모두에게 감사들 드린다.

**2007년 6월**

**김 대 성**

# İçindekiler

## İçindekiler

# İçindekiler

Türkiye

<터키의 도 이름>

◆ 터키어 알파벳 및 발음 (Türkçe Alfabe ve Telaffuzu) ◆

| 대·소문자 | | 발음기호 | 한글대조 | 발 음 연 습 | |
|---|---|---|---|---|---|
| A | a | a | 아 | alfabe | Ankara |
| B | b | be | 베 | baba | bilgi |
| C | c | ce | 제 | Cuma | acaba |
| Ç | ç | çe | 체 | çizgi | açık |
| D | d | de | 데 | devlet | sade |
| E | e | e | 에 | erken | Edirne |
| F | f | fe | ㅍ,헤(모음 앞) | fakat | affedersiniz |
| G | g | ge | 게 | garson | Ezgi |
| Ğ | ğ | yumuşak ge | 유무샥 게 | yağmur | sağ |
| H | h | he | 헤 | hayır | sohbet |
| I | ı | ı | 으 | Irak | ışık |
| İ | i | i | 이 | İstanbul | kişi |
| J | j | je | 줴 | Japon | Ajda |
| K | k | ke | 케 | kebap | sokak |
| L | l | le | 레 | Lira | salata |
| M | m | me | 메 | masa | tamam |
| N | n | ne | 네 | niçin | anne |
| O | o | o | 오 | orman | otobüs |
| Ö | ö | ö | 외 | öğrenci | döner |
| P | p | pe | 페 | park | apartman |
| R | r | re | ㄹ레 | Ramazan | araba |
| S | s | se | 쎄 | sevgi | ise |
| Ş | ş | şe | 쉐 | şimdi | yavaş |
| T | t | te | 테 | Türk | yatak |
| U | u | u | 우 | Urfa | Yunan |
| Ü | ü | ü | 위 | ülke | gün |
| V | v | ve | ㅂ웨(모음 앞) | vapur | avukat |
| Y | y | ye | 예 | yıl | iyi |
| Z | z | ze | 제 | zeytin | az |

# ÜNİTE I

# TANIŞMA

# TÜRKÇE KURSUNDA
튀르체 쿠르순다

ÜNİTE I

| | |
|---|---|
| **Ali** | Merhaba!<br>메르하바! |
| **Kim** | Merhaba!<br>메르하바! |
| **Ali** | Benim adım Ali. Senin adın ne ?<br>베님 아듬 알리 세닌 아든 네? |
| **Kim** | Benim adım Kim.<br>베님 아듬 킴 |
| **Ali** | Kim, sen nerelisin ?<br>킴, 센 네레리신? |
| **Kim** | Koreliyim, ya sen ?<br>코레리임, 야 센? |
| **Ali** | Ben Türküm. Öğrenci misin ?<br>벤 튀르큄. 웨렌지 미신? |
| **Kim** | Evet, TÖMER'de Türkçe öğreniyorum.<br>에웨트, 퇴메르데 튀룩체 웨레니요룸 |
| **Ali** | Çok güzel! Türkçe senin için zor mu ?<br>촉 귀젤! 튀룩체 세닌 이친 조르 무? |
| **Kim** | Evet, Türkçe benim için biraz zor, ama çok güzel bir dil.<br>에웨트, 튀룩체 베님 이친 비라즈 조르, 아마 촉 귀젤 비르 딜.<br>Sen ne iş yapıyorsun ?<br>센 네 이쉬 야프요르순? |
| **Ali** | Ben de öğrenciyim. TÖMER'de İngilizce öğreniyorum.<br>벤 데 웨렌지임. 퇴메르데 인길리즈제 웨레니요룸 |
| **Kim** | Tanıştığımıza memnun oldum!<br>탄느쉬트으므자 멤눈 올둠! |
| **Ali** | Ben de memnun oldum!<br>벤 데 멤눈 올둠 |

터키어 과정에서

Ali 안녕!

Kim 안녕!

Ali 내 이름은 알리입니다. 당신의 이름은 무엇입니까?

Kim 내 이름은 김입니다.

Ali 김, 당신은 어느 나라 사람입니까?

Kim 한국인이예요, 그러면 당신은?

Ali 나는 터키인입니다. 학생이십니까?

Kim 네, 퇴메르에서 터키어를 배웁니다.

Ali 아, 멋지군요. 터키어가 당신에게 어렵습니까?

Kim 네, 터키어가 내게 좀 어렵습니다, 그러나 매우 매력적인 언어입니다. 당신은 어떤 일을 하세요?

Ali 나도 학생입니다. 퇴메르에서 영어를 배웁니다.

Kim 우리가 알게 돼 반갑습니다(기쁩니다).

Ali 나도 반갑습니다.

# METRODA

메트로다

ÜNİTE I

**Lee** İyi günler!
이이 권레르

**Tolga** İyi günler!
이이 권레르

**Lee** Türk müsünüz?
튀르크 뮈쉬니즈?

**Tolga** Evet Türküm. Siz Türkçe biliyor musunuz?
에웨트 튀르큄. 시즈 튀룩체 빌리요르 무수누즈?

**Lee** Evet, biraz biliyorum.
에웨트, 비라즈 빌리요룸

**Tolga** Nerelisiniz?
네레리신니즈?

**Lee** Koreliyim.
코렐리임

**Tolga** Adınız ne?
아드느즈 네?

**Lee** Adım Lee. Sizin adınız ne?
아듬 리. 시진 아드느즈 네?

**Tolga** Benim adım Tolga. Ne iş yapıyorsunuz?
베님 아듬 톨가. 네 이쉬 야프요르수누즈?

**Lee** Doktorum, ama Türkiye'de çalışmıyorum. Ya siz?
독토룸, 아마 튀르키예데 찰으쉬므요룸. 야 시즈?

Lee 안녕!(만났을 때)

Tolga 안녕!(만났을 때)

Lee 터키인이세요?

Tolga 네, 터키인입니다. 당신 터키어를 아십니까?

Lee 네, 약간 압니다.

Tolga 어느 나라 사람입니까?

Lee 나는 한국인입니다.

Tolga 이름이 무엇입니까?

Lee 내 이름이 리입니다. 당신의 이름은 무엇입니까?

Tolga 내 이름은 톨가입니다.  어떤 일을 하십니까?

Lee 의사입니다. 그러나 터키에서 일하지 않습니다. 그럼 당신은?

# METRODA

메트로다

ÜNİTE I

**Tolga** Ben öğretmenim. Lisede İngilizce öğretmeniyim.
벤 웨레트메님. 리세데 인길리즈제 웨레트메니임.

**Lee** Nerede oturuyorsunuz?
네레데 오투루요르수누즈?

**Tolga** Kolej'de oturuyorum.
콜레즈데 오투루요룸

**Lee** Aa! Ben de Kolej'de oturuyorum. Buyurun, bu benim kartım.
아! 벤 데 콜레즈데 오투루요룸. 부유룬, 부 베님 카르틈.

**Tolga** Çok teşekkür ederim! Kartınızda telefon numaranız var mı?
촉 테쉑퀴르 에데림! 카르트느즈다 텔레폰 누마라느즈 와르 므?

**Lee** Ev telefonum yok, ama cep telefonum var.
에브 텔레호눔 욕, 아마 젭 텔레포눔 와르.

**Tolga** Tanıştığımıza memnun oldum!
타느쉬트으므자 멤눈 올둠!

**Lee** Ben de memnun oldum!
벤 데 멤눈 올둠!

**Tolga** O halde, görüşmek üzere!
오 할데, 괴뤼쉬멕 위제레!

**Lee** Görüşmek üzere!
괴뤼쉬멕 위제레!

**Tolga** 나(저)는 선생님입니다. 고등학교 영어 선생님입니다.

**Lee** 어디에 사십니까?

**Tolga** 콜레지에서 거주합니다.

**Lee** 아! 나도 콜레지에 거주합니다. 자, 이것은 내 명함입니다.

**Tolga** 감사합니다. 당신의 명함에 전화번호가 있습니까?

**Lee** 집 전화번호가 없어요, 그러나  핸드폰 번호가 있습니다.

**Tolga** 만나서(우리가 알게 돼) 반갑습니다.

**Lee** 나도 반갑습니다(기쁩니다).

**Tolga** 그러면 또 만납시다!

**Lee** 또 만나지요!

## I. Kelime Bilgisi

| | | |
|---|---|---|
| ad (isim) | 아드(이심) | 이름 |
| ben | 벤 | 나 |
| bir | 비르 | 하나 |
| biraz | 비라즈 | 약간 |
| buyurun! | 부유룬 | 자, 어서, 말씀하세요 |
| bilmek | 빌멕 | 알다 |
| cep telefonu | 젭 텔레호누 | 핸드폰 |
| çalışmak | 찰으쉬막 | 일하다 |
| çok | 촉 | 대단히 |
| dil | 딜 | 언어 |
| doktor | 독토르 | 의사 |
| evet | 에웨트 | 네 |
| görüşmek üzere! | 괴뤼쉬멕 위제레 | 다시 만납시다 |
| gün | 귄 | 날, 일 |
| güzel | 귀젤 | 멋지다, 좋다 |
| hayır | 하이으르 | 아니오 |
| için | 이친 | ~위하여 |
| İngilizce | 인길리즈제 | 영어 |
| iş | 이쉬 | 일 |
| iyi | 이이 | 좋다 |
| kart | 카르트 | 카드 |
| Kore | 코레 | 한국 |

| Korece | 코레제 | 한국어 |
|---|---|---|
| Koreli | 코렐리 | 한국인 |
| lise | 리세 | 고등학교 |
| memnun | 멤눈 | 기쁘다 |
| ne? | 네 | 무엇? |
| nereli? | 네렐리 | 어느 지역 사람? |
| nerede? | 네레데 | 이느 곳에? |
| numara | 누마라 | 번호 |
| o halde | 오 할데 | 그 상태 |
| olmak | 올막 | 되다, 존재하다 |
| oturmak | 오투르막 | 거주하다, 살다 |
| öğretmen | 웨레트멘 | 선생님 |
| sen | 센 | 너 |
| siz | 지즈 | 당신 |
| tanışmak | 탄느쉬막 | 사귀다, 처음 만나 인사하기 |
| tanışma | 탄느쉬마 | 사귐, 사귀기 |
| teşekkür etmek | 테쉐퀴르 에트멕 | 감사하다 |
| Türk | 튀르크 | 터키인 |
| Türkçe | 튀륵체 | 터키어 |
| Türkçe kursunda | 튀륵체 쿠르순다 | 터키어 과정에서 |
| Türkiye | 튀르키예 | 터키 |
| var | 와르 | 있다 |
| yapmak | 야프막 | 하다 |
| yok | 욕 | 없다 |
| zor | 조르 | 어렵다 |

# II. Ifadeler

ÜNİTE I

## Selamlaşma
셀람라쉬마

인사하기(만날 때)

| | | | |
|---|---|---|---|
| A | Merhaba! | 메르하바 | 안녕 |
| B | Merhaba! | | |
| A | Günaydın! | 귀나이든 | 아침 인사 |
| B | Günaydın! | | |
| A | İyi günler! | 이이 귄레르 | 안녕, 좋은 하루 |
| B | İyi günler! | | |
| A | İyi akşamlar! | 이이 악샴라르 | 좋은 저녁 |
| B | İyi akşamlar! | | |
| A | İyi geceler! | 이이 게젤레르 | 좋은 밤 |
| B | İyi geceler! | | |
| A | Selam! | 셀람 | 안녕 |
| B | Selam! | | |
| A | Selamünaleyküm! | 셀라뮌알레이큄! | 안녕하세요 |
| B | Aleykümselam! | 알레이큄셀람! | 안녕하세요 |

## Vedalaşmas
웨다라쉬막



인사하기(헤어질 때)

| | | | |
|---|---|---|---|
| A | İyi günler! | 이이 귄레르 | 좋은 날이 되길 바랍니다 |
| B | Güle güle! | 귈레 귈레 | 잘 가세요 |
| A | Allahaısmarladık! | 알라하으스마르라득 | 안녕히 계세요 |
| B | Güle güle! | 귈레 귈레 | 잘 가세요 |
| A | Hoşça kal! | 호쉬차 칼 | 안녕히 계세요 |
| B | Güle güle! | 귈레 귈레 | 잘 가세요 |
| A | Hoşça kalın! | 호쉬차 칼른 | 안녕히 계세요 |
| B | Güle güle! | 귈레 귈레 | 잘 가세요 |
| A | Görüşmek üzere! | 궤뤼쉬멕 위제레 | 또 만납시다 |
| B | Görüşmek üzere! | | |
| A | Görüşürüz! | 궤뤼쉬뤼즈 | 또 만납시다 |
| B | Görüşürüz! | | |
| A | Memnun oldum! | 멤눈올둠 | 반갑습니다 |
| B | Ben de memnun oldum! | 벤 데 멤눈올둠 | 나도 반갑습니다 |

| | | | |
|---|---|---|---|
| A | Tanıştığımıza memnun oldum! | 타느쉬트으므자 멤눈 올둠 | 만나서 반갑습니다 |
| B | Ben de memnun oldum! | 벤 데 멤눈 올둠 | 나도 반갑습니다 |
| A | Sizi tanıdığıma çok sevindim! | 시지 타느드음아 촉 세윈딤 | 당신을 알게돼 매우 기쁩니다 |
| B | Ben de sizi tanıdığıma çok sevindim! | 벤 데 시지 타느드음아 촉 세윈딤 | 나도 당신을 알게돼 매우 기쁩니다 |
| A | Allah'a emanet ol! | 알라하 에마네트 올 | 신에게 맡겨! |
| B | Sen de (Allah'a emanet ol!) | 센 데 | 너도 |
| A | Allah'a emanet olun! | 알라하 에마네트 올눈! | 당신도 신에게 맡기세요! |
| B | Siz de (Allah'a emanet olun!) | 시즈 데 | 당신도 |

## Teşekkür Etme
테쉐퀴르 에트메



감사하기

| | | | |
|---|---|---|---|
| A | Teşekkürler! | 테쉐퀴르레르 | 감사합니다 |
| B | Rica ederim! | 리자 에데림 | 천만에요 |
| A | Teşekkür ederim! | 테쉐퀴르 에데림 | 감사합니다 |
| B | Ben teşekkür ederim! | 벤 테쉐퀴르 에데림 | 나도 감사합니다 |
| A | Çok teşekkür ederim! | 촉 테쉐퀴르 에데림 | 대단히 감사합니다 |
| B | Ne önemi var! | 네 외네미 와르 | 괜찮습니다 |
| A | Sağ ol! | 사으 올 | 고마워(잘 되길 바래) |
| B | Sen de sağ ol! | 센 데 사으 올 | 고마워 |
| A | Sağ olun! | 사으 올룬 | 고마워요 (잘 되길 바랍니다) |
| B | Siz de sağ olun! | 시즈 데 사으 올룬 | 고마워요 |

# III. Dil Bilgisi

## 1 İyelik Ekleri

**대명사적 어미, 명사에 붙어 명사의 소속을 나타낸다.**

| | | | | |
|---|---|---|---|---|
| (Benim) | *isim* + **-(İ)m** | → | Benim *adım*, | 내 이름 |
| (Senin) | *isim* + **-(İ)n** | → | Senin *araban*, | 네 자동차 |
| (Onun) | *isim* + **-(s)İ** | → | Onun *kedisi*, | 그의 고양이 |
| (Bizim) | *isim* + **-(İ)mİz** | → | Bizim *gülümüz*, | 우리의 장미 |
| (Sizin) | *isim* + **-(İ)nİz** | → | Sizin *okulunuz*, | 당신의 학교 |
| (Onların) | *isim* + **-lArİ** | → | Onların *evleri*, | 그들의 집 |

**İ = a, ı → ı; e, i → i; o, u → u; ö, ü → ü**
**A = a, ı, o, u → a; e, i, ö, ü → e**

★ **대명사적 어미**는 어떤 명사(사람 또는 사물)가 주로 사람 또는 무엇에 속해 있는 가를 나타낼 때 그 명사에 붙이는 어미를 말한다.

1. 대명사적 어미는 모음조화에 따라 모음이 변화한다.
2. 단어의 말음이 모음인 경우 대명사적 어미 첫음에 있는 모음이 생략된다.
3. 3인칭 단수에서 말음이 모음인 경우 매개 자음 -s를 붙인다.

| Benim | Arabam | Evim | Okulum | Otobüsüm |
|---|---|---|---|---|
| Senin | Araba | Evin | Okulun | Otobüsün |
| Onun | Arabası | Evi | Okulu | Otobüsü |
| Bizim | Arabamız | Evimiz | Okulumuz | Otobüsümüz |
| Sizin | Arabanız | Eviniz | Okulunuz | Otobüsünüz |
| Onların | Arabaları | Evleri | Okulları | Otobüsleri |

## 2 -İmek (olmak) Eylemi

접미동사, 명사 또는 형용사에 붙어 인칭을 나타낸다.

**a) Olumlu (+): 긍정형**

(Ben) *isim* / *sıfat* + **-(y)İm**

→ (Ben) *öğrenci***yim**, 나는 학생입니다

(Sen) *isim* / *sıfat* + **-sİn**

→ (Sen) *güzel***sin**, 너는 아름답다

(O) *isim* / *sıfat* + - / **-Dİr**

→ (O) *Türk/Türk***tür**, 그는 터키인이다

(Biz) *isim* / *sıfat* + **-(y)İz**

→ (Biz) *İstanbullu***yuz**, 우리는 이스탄불 사람입니다

(Siz) *isim* / *sıfat* + **-sİnİz**

→ (Siz) *Ankaralı***sınız**, 당신들은 앙카라 사람입니다

(Onlar) *isim* / *sıfat* **+ -lAr/-DİrlAr**

→ (Onlar) *memurlar* / *memurdurlar* 그들은 사무원(직원)입니다

**İ = a, ı → ı; e, i → i; o, u → u; ö, ü → ü**
**A = a, ı, o, u → a; e, i, ö, ü → e**

**b) Olumsuz (—): 부정형**

(Ben) *isim* / *sıfat* **değilim**

→ (Ben) *öğrenci* **değilim** 나는 학생이 아닙니다

(Sen) *isim* / *sıfat* **değilsin**

→ (Sen) güzel **değilsin** 너는 아름답지 않다

(O) *isim* / *sıfat* **değil / değildir**

→ (O) *Türk/Türk* **değil / değildir** 그는 터키인이 아니다

(Biz) *isim* / *sıfat* **değiliz**

→ (Biz) *İstanbullu* **değiliz** 우리는 이스탄불 사람이 아닙니다

(Siz) *isim* / *sıfat* **değilsiniz**

→ (Siz) *Ankaralı* **değilsiniz** 당신들은 앙카라 사람이 아닙니다

(Onlar) *isim* / *sıfat* **değiller/değildirler**

→ (Onlar) *memur* **değiller/değildirler** 그들은 사무원이 아닙니다

## ③ Şimdiki Zaman: -(İ)yor

현재형 시제어미: -(İ)yor

**a) Olumlu (+): 긍정형**

(Ben) *fiil* + **-(İ)yorum** → (Ben) *gel***iyorum**
벤 겔리요룸 (나는 온다)

(Sen) *fiil* + **-(İ)yorsun** → (Sen) *dön***üyorsun**
센 되뉘요르순 (너는 돌아온다)

(O) *fiil* + **-(İ)yor** → (O) *otur***uyor**
오 오투루요르 (그는 앉아있다)

(Biz) *fiil* + **-(İ)yoruz** → (Biz) *öğren***iyoruz**
비즈 외으레니요루즈 (우리는 배운다)

(Siz) *fiil* + **-(İ)yorsunuz** → (Siz) *yap***ıyorsunuz**
시즈 야프요르수누즈 (당신은 행한다)

(Onlar) *fiil* + **-(İ)yorlar** → (Onlar) *çalış***ıyorlar**
온라르 찰르스요르라르 (그들은 일한다)

**İ = a, ı → ı; e, i → i; o, u → u; ö, ü → ü**

gitmek, etmek, tatmek에서 **–t** 다음에 모음이 오면 **–t→ –d**로 바뀐다.

- gi*t*mek → gi*d*iyor-
- e*t*mek → e*d*iyor-
- ta*t*mak → ta*d*ıyor-

demek, yemek에서 **de**-mek, **ye**-mek에서 **e**가 탈락하고 ***i*yor**가 붙는다

- d**e**mek → d*i*yor-
- y**e**mek → y*i*yor-

**b) Olumsuz (—): 부정**

| | | | |
|---|---|---|---|
| (Ben) | *fiil* + -**mİyorum** → | (Ben) | *gel***miyorum** |
| (Sen) | *fiil* + -**mİyorsun** → | (Sen) | *dön***müyorsun** |
| (O) | *fiil* + -**mİyor** → | (O) | *otur***muyor** |
| (Biz) | *fiil* + -**mİyoruz** → | (Biz) | *öğren***miyoruz** |
| (Siz) | *fiil* + -**mİyorsunuz** → | (Siz) | *yap***mıyorsunuz** |
| (Onlar) | *fiil* + -**mİyorlar** → | (Onlar) | *çalış***mıyorlar** |

**İ = a, ı → ı;  e, i → i;  o, u → u;  ö, ü → ü**

## 4 Çoğul Eki: -lAr (-lar/-ler): 복수형 어미

| | | |
|---|---|---|
| **a, ı, o, u** | → | **-lar,** 앞에 오는 모음이 **a, ı, o, u** 일 경우 복수형 어미는 **-lar**이다. |
| kart | → | kart**lar** |
| Amerikalı | → | Amerikalı**lar** |
| telefon | → | telefon**lar** |
| okul | → | okul**lar** |
| **e, i, ö, ü** | → | **-ler,** 앞에 오는 모음이 **e, i, ö, ü** 일 경우 복수형 어미는 **-ler**이다. |
| ev | → | ev**ler** |
| öğrenci | → | öğrenci**ler** |
| göl | → | göl**ler** |
| Türk | → | Türk**ler** |

## 5 var X yok: . 있다 X 없다

| | | |
|---|---|---|
| Kore'de kimçi var. | **X** | Türkiye'de kimçi yok. |
| TÖMER'de öğrenciler var. | **X** | Öğrencilerde kart yok. |
| Sizin cep telefonunuz var. | **X** | Benim cep telefonum yok. |
| Zeynep'in kedisi var. | **X** | Kuzey'in kedisi yok. |

## 6 Soru Eki: mİ? (mı? / mi? / mu? / mü?) 의문형 어미

| | | |
|---|---|---|
| a, ı | → | mı? |
| e, i | → | mi? |
| o, u | → | mu? |
| ö, ü | → | mü? |

**A** Evde öğrenci var **mı**?

집에 학생이 있어요?

**B** Hayır, evde öğrencide yok.

아니오, 집에 학생이 없습니다.

**A** TÖMER'de öğrenci var mı?

퇴메르에 학생이 있어요?

**B** Evet, TÖMER'de öğrenci var.

네, 퇴메르에 학생이 있어요.

**A** Tolga mühendis mi?

톨가는 엔지니어입니까?

**B** Hayır, o mühendis değil, öğretmen.

아니오, 그는 엔지니어가 아니고, 선생님입니다.

**A** TÖMER bir okul mu?

퇴메르는 학교입니까?

**B** Evet, TÖMER bir dil okulu.

네, 퇴메르는 언어 학교(교육기관)입니다.

ÜNİTE I

A Kim, Türk mü?

김이 터키인입니까?

B Hayır, o Türk değil, Koreli.

아니오, 그는 터키인이 아니고 한국인입니다.

A Tolga nerede oturuyor?

톨가는 어디에 거주하지요?

B Ankara'da oturuyor.

그는 앙카라에 거주합니다.

A Tolga Ankara'da mı oturuyor?

톨가는 앙카라에 거주합니까?

B Evet, o Ankara'da, Kolej'de oturuyor.

네, 그는 앙카라 콜레지에 거주합니다.

A Sen nerede İngilizce öğreniyorsun?

너는 어디에서 영어를 배우니?

B Ben TÖMER'de İngilizce öğreniyorum.

나는 퇴메르에서 영어를 배워.

A TÖMER'de mi İngilizce öğreniyorsun?

메르에서 영어를 배우니?

B Evet, ben Kızılay TÖMER'de İngilizce öğreniyorum.

응, 나는 크즐라이 퇴메르에서 영어를 배워.

## 7 Ne? : 의문 대명사(무엇)

A Bu ne?
이것이 무엇이니?

B Bu bir kart.
이것은 명함이지.

A Bu senin kartın mı?
이것이 네 명함이니?

B Evet, bu benim kartım.
응, 이것은 내 명함이야.

A Bu ne?
이것이 무엇이니?

B Bu bir kedi.
이것은 고양이야.

A Bu senin kedin mi?
이것이 네 고양이야?

B Hayır, bu benim kedim değil. Bu onun kedisi.
아니, 이것은 내 고양이가 아니야. 이것은 그의 고양이야.

A Bu ne?
이것이 무엇이지요?

B Bu bir telefon.
이것은 전화입니다.

A Bu bir telefon mu?
이것은 전화입니까?

B Evet, bu bir telefon.
네, 이것은 전화입니다.

## 8 Kim?: 의문대명사(누구)

**A** Bu kim?
이 사람은 누구이지요?

**B** Bu Tolga.
이 사람은 톨가입니다.

**A** Tolga Koreli mi?
톨가는 한국인입니까?

**B** Hayır, o Koreli değil. Türk.
아니오, 그는 한국인이 아니고 터키인입니다.

**A** Bu kim?
이 사람은 누구이지요?

**B** Bu 'Kim'.
이 사람은 '김' 입니다.

**A** Kim Türk mü?
'김'은 터키인이지요?

**B** Hayır, o Türk değil. Koreli.
아니오, 그는 터키인이 아니고 한국인입니다.

**A** Bu kim?
이 사람은 누구이지요?

**B** Bu benim öğretmenim.
이 사람은 나의 선생님입니다.

**A** Onun adı Onur mu?
그분의 이름이 '오누르'입니까?

**B** Hayır, onun adı Bayram.
아니오, 그분의 이름은 '바이람'입니다.

## 9 ÜLKELER – Milliyetler – Diller

TÜRKİYE
*Türk*
Türkçe

GÜNEY KORE
*Koreli*
Korece

ÇİN
*Çinli*
Çince

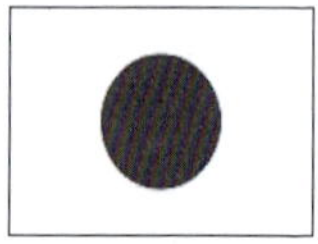

JAPONYA
*Japon*
Japonca

AMERİKA
*Amerikalı*
İngilizce

İNGİLTERE
*İngiliz*
İngilizce

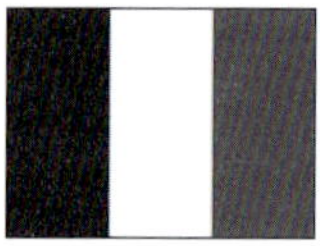

FRANSA
*Fransız*
Fransızca

ALMANYA
*Alman*
Almanca

İSPANYA
*İspanyol*
İspanyolca

RUSYA
*Rus*
Rusça

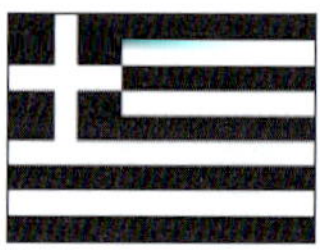

YUNANİSTAN
*Yunan*
Yunanca

AZERBAYCAN
*Azeri*
Azerice

**İTALYA**
*İtalyan*
İtalyanca

**HOLLANDA**
*Hollandalı*
Hollandaca

**MISIR**
*Mısırlı*
Arapça

**KAZAKİSTAN**
*Kazak*
Kazakça

## (10) Meslekler

Garson

Polis

Çiftçi

Satıcı

Şoför

İtfaiyeci

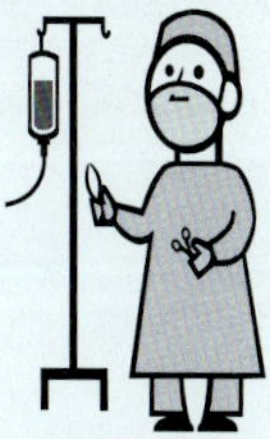

Hemşire

Şarkıcı

## IV. Alıştırmalar

**01** Aşağıdaki cümlelerde boşlukları **iyelik ekleri** ile doldurunuz.

1) Benim telefon___ Samsung.
2) Senin ev___ nerede?
3) Onun öğretmen___ Koreli.
4) Bizim iş___ çok zor.
5) Sizin araba___ çok güzel.
6) Onların numara___ telefonda.
7) Benim gözler___ mavi.
8) Senin gül___ kırmızı.
9) Onun okul___ Seul'de.
10) Bizim kız___ öğrenci değil.
11) Sizin kamera___ Sony mi?
12) Onların kitaplar___ masada.

**02** Aşağıdaki cümlelerde boşlukları **–İmek eylemi ekleri** ile doldurunuz.

1) Ben çok güzel___.
2) Sen Türk___.
3) O, Koreli___.
4) Biz öğretmen___.
5) Siz memnun___.

6) Onlar Kolej'de___.
7) Ben mutlu___.
8) Sen nerede___?
9) O, İstanbullu___.
10) Biz sinemada___.
11) Siz okulda___.
12) Onlar parkta___.

03 Aşağıdaki cümlelerde boşlukları **soru ekleri** ile doldurunuz ve cevap veriniz.

1) Kim, Koreli ___?
Evet, ________________________.
2) Öğretmen Türk ___?
Hayır, ________________________.
3) Ankara'da TÖMER var ___?
Evet, ________________________.
4) Lee Türkiye'de mutlu ___?
Evet, ________________________.
5) Korece ___ öğreniyorsun?
Hayır, ________________________.
6) Şimdi eve ___ gidiyorsun?
Evet, ________________________.
7) Siyah çay ___ içiyorsunuz?
Hayır, ________________________.

8) Bu öğrenci İspanyol ___?
Evet, ________________________.

9) O doktor Seullü ___?
Hayır, ________________________.

10) Öğretmen Amerikalı ___?
Evet, ________________________.

11) Tarkan İspanyol ___?
Hayır, ________________________.

12) Arabamız parkta ___ ?
Evet, ________________________.

**04** Aşağıdaki cümlelerde boşlukları **şimdiki zaman ekleri** ile doldurunuz.

1) ( + ) Ben bu okulu çok sev________.
2) ( + ) Sen nerede Türkçe öğren________?
3) ( + ) O, sinemaya öğretmenle git________.
4) ( + ) Biz lokantada yemek ye________,
5) ( + ) Siz eve taksiyle dön__________.
6) ( + ) Onlar nereden alışveriş yap________?
7) (—) Ben Korece bil________.
8) (—) Sen okula git________.
9) (—) O, lokantada çalış________.
10) (—) Biz İstanbul'da otur________.
11) (—) Siz beni tanı________.
12) (—) Onlar "Günaydın!" de________.

ÜNİTE

II

# KARŞILAŞMA

# İKİ ÖĞRENCİ, DURAKTA
이키 외렌지, 두락타



**Kuzey** Günaydın Zeynep!
귀나이든 제이넵!

**Zeynep** Günaydın Kuzey!
귀나이든 쿠제이!

**Kuzey** Nasılsın?
나슬슨?

**Zeynep** İyiyim, ya sen?
이이임, 야 센?

**Kuzey** Ben de iyiyim.
벤 데 이이임

Nereye gidiyorsun? Okula mı?
네레예 기디요르순? 오쿨라 므?

**Zeynep** Hayır, okula gitmiyorum. Sinemaya gidiyorum.
하이으르, 오쿨라 기트미요룸. 시네마야 기디요룸

Çünkü bugün ders yok. Sen nereye gidiyorsun?
췬퀴 부귄 데르스 욕. 센 네레예 기디요르순?

**Kuzey** Ben dershaneye gidiyorum.
벤 데르스하네예 기디요룸

**Zeynep** İşte! Benim otobüsüm geliyor.
이쉬테! 베님 오토뷔쉼 겔리요르.

Ben bu otobüse biniyorum. Sana iyi dersler.
벤 부 오토뷔쉐 빈니요룸. 사나 이이 데르스레르.

**Kuzey** Teşekkürler! Sana da iyi eğlenceler.
테쉐퀴르레르! 사나 다 이이 에으렌제레르

**Zeynep** Görüşürüz!
궤뤼쉬뤼즈!

**Kuzey** Görüşürüz!
궤뤼쉬뤼즈!

두 학생이 정거장에서

**Kuzey** 안녕(아침 인사), 제이넵

**Zeynep** 안녕, 쿠제이

**Kuzey** 잘 지냈어?

**Zeynep** 잘 지냈어, 너는?

**Kuzey** 나도 잘 지내.
어디에 가니? 학교에?

**Zeynep** 아니, 학교에 가지 않아. 영화관에 가.
왜냐하면, 오늘 수업이 없어. 넌 어디에 가니?

**Kuzey** 난 학원에 가.

**Zeynep** 아! 버스가 오고 있어.
난 이 버스에 탄다. 공부 잘 해.

**Kuzey** 고마워. 좋은(즐거운) 시간 보내.

**Zeynep** 또 보자!

**Kuzey** 또 봐!

# İKİ ÖĞRENCİ, DURAKTA
이키 외렌지, 두락타



**Mehmet Bey** İyi akşamlar Gül Hanım.
이이 악샴라르 궐 하늠.

**Gül Hanım** İyi akşamlar Mehmet Bey. Nasılsınız?
이이 악샴라르 메흐멧 베이. 나슬스느즈?

**Mehmet Bey** Teşekkür ederim. İyiyim. Siz nasılsınız?
테쉐퀴르 에데림. 이이임. 시즈 나슬스느즈?

**Gül Hanım** Teşekkürler! Ben de iyiyim.
테쉐퀴르레르! 벤 데 이이임.

**Mehmet Bey** Alışverişten mi geliyorsunuz?
알르시웨리시텐 미 겔리요르수누즈?

**Gül Hanım** Evet. Siz nereden geliyorsunuz?
에웨트. 시즈 네레덴 겔리요르수누즈?

**Mehmet Bey** Ben işten geliyorum. Eve mi dönüyorsunuz?
벤 이시텐 겔리요름. 에웨 미 되뉘요르수누즈?

**Gül Hanım** Evet, eve dönmek için taksi bekliyorum.
에웨트. 에웨 된멕 이친 탁시 베클리요름.

**Mehmet Bey** Ben de eve gidiyorum. Dilerseniz, birlikte
벤 데 에웨 기디요름. 딜레르센니즈, 비르릭테

benim arabamla gidelim.
베님 아라밤라 기델림.

**Gül Hanım** Teşekkürler!
테쉐퀴르레르!

**Mehmet Bey** Rica ederim! Buyurun!
리자 에데림! 부유룬!

# İKİ ÖĞRENCİ, DURAKTA

해 · 석

두 이웃이 길에서

| | |
|---|---|
| **Mehmet Bey** | 안녕하세요(저녁 인사). 귈 부인. |
| **Gül Hanım** | 좋은 저녁이군요, 메흐멧 씨. 안녕하세요? |
| **Mehmet Bey** | 감사합니다. 잘 지내요. 어떻게 지내세요? |
| **Gül Hanım** | 감사합니다. 저도 잘 지내요. |
| **Mehmet Bey** | 쇼핑하고 오십니까? |
| **Gül Hanım** | 네, 선생님은 어디에 갔다 오세요? |
| **Mehmet Bey** | 전, 직장에서 오는 겁니다. 집으로 가시는군요? |
| **Gül Hanım** | 네, 집에 가려고 택시를 기다립니다. |
| **Mehmet Bey** | 저도 집에 갑니다. 원하시면 함께 제 차로 가시지요. |
| **Gül Hanım** | 감사합니다. |
| **Mehmet Bey** | 천만에요! 타세요! |

# İKİ ARKADAŞ, BANKADA
이키 아르카다쉬, 반카다

ÜNİTE II

**Başak** Aa! Kemal, bu sen misin?
아! 케말, 부 센 미신?

**Kemal** Başak, bu ne tesadüf!
바샥, 부 네 테사뒤프!

**Başak** Senin Ankara'da ne işin var?
세닌 앙카라다 네 이신 와르?

**Kemal** Ben artık İstanbul'da değil, Ankara'da yaşıyorum.
벤 아르특 이스탄불다 데일, 앙카라다 야쉬요룸.

Bu bankada çalışıyorum.
벤 반카다 찰르쉬요룸.

**Başak** Öyle mi? O halde, artık sen de Ankaralısın.
외일레 미? 오 할데, 아르특 센 데 앙카라르슨.

**Kemal** Peki, sen Ankara'da ne yapıyorsun?
페키, 센 앙카라다 네 야프요르순?

**Başak** Eşim Ankaralı. Geçen yıl evlendim. Henüz çalışmıyorum.
에쉼 앙카라르. 게첸 이을 에브렌딤. 헤뉘즈 찰르시므요룸.

Sen hâlâ bekarsın, galiba!
센 할라 베카르슨, 갈리바!

**Kemal** Hayır, ben de iki yıl önce evlendim.
하이으르, 벤 데 이키이을 웬제 에브렌딤.

**Başak** Tebrik ederim! Eee, görüşmeyeli nasılsın?
테브릭 에데림! 에에, 괴뤼시메옐리 나슬슨?

**Kemal** Çok iyiyim. Ya sen?
촉 이이임. 야 센?

# İKİ ARKADAŞ, BANKADA 해·석



두 친구가 은행에서

**Başak** 아! 케말 너구나.

**Kemal** 바샥, 이게 무슨 우연이니!

**Başak** 너 앙카라에서 무슨 일 있니?

**Kemal** 나 이제 이스탄불이 아니라 앙카라에서 살아.
이 은행에서 근무해.

**Başak** 그래? 그렇다면 이제 너도 앙카라 사람이 됐구나.

**Kemal** 좋아! 넌 앙카라에서 뭘 하니?

**Başak** 남편이 앙카라 사람이지. 지난 해 결혼했어. 아직 일하지 않아.
너 아직 미혼이지, 아마..!

**Kemal** 아니, 나도 2년전 결혼했어.

**Başak** 축하해! 그럼, 못 본 동안에 어떻게 지냈니?

**Kemal** 잘 지냈어. 너는?

# İKİ ARKADAŞ, BANKADA
이키 아르카다쉬, 반카다



**Başak** Hayatımdan gayet memnunum.
하야틈단 가예트 멤누눔.

**Kemal** Telefon numaralarımızı kaydedelim.
텔레폰 누마라라느즈 카이데델림.

Benim telefon numaralarım bu kartta.
베님 텔레폰 누마라라름 부 카르타.

**Başak** Tamam! Benim numaralarım da bu kartta.
타맘! 베님 누마라라름 다 부 카르타.

**Kemal** Seni gördüğüme çok sevindim, Başak.
세니 괴르뒤위메 촉 세윈딤, 바샥.

**Başak** Ben de seni gördüğüme çok sevindim. Seni arayacağım.
벤 데 세니 괴르뒤위메 촉 세윈딤. 세니 아라야자음.

**Kemal** Çok sevinirim. Artık ailece sık sık görüşürüz.
촉 세위니림. 아르특 아일레제 슥 슥 괴뤼쉬뤼즈.

## İKİ ARKADAŞ, BANKADA 해 · 석

두 친구가 은행에서

**Başak** 내 생활은 상당히 만족스러워.

**Kemal** 우리 전화번호를 적자.
내 번호는 여기 명함에.

**Başak** 좋아! 내 번호도 이 명함에.

**Kemal** 널 봐서 아주 기뻐. 바샥.

**Başak** 나도 널 봐서 기쁘지. 케말 네게 전화할게.

**Kemal** 아주 기쁠거야. 이제 자주 보자.

# I. Kelime Bilgisi

| | | |
|---|---|---|
| alışveriş | 알으쉬웨리쉬 | 쇼핑 |
| Ankaralı | 앙카라르 | 사람 |
| aramak | 아라막 | 찾다 |
| arkadaş | 아르카다쉬 | 친구 |
| artık | 아르특 | 이제 |
| atmak | 아트막 | 던지다 |
| bekar | 베카르 | 미혼 |
| beklemek | 베크레멕 | 기다리다 |
| binmek | 빈멕 | 타다 |
| bugün | 부귄 | 오늘 |
| burada | 부라다 | 여기에 |
| buyurun! | 부유룬 | 타세요, 들어오세요, 앉으세요 |
| çünkü | 췬퀴 | 때문에, 왜냐하면 |
| ders | 데르스 | 수업 |
| dershane | 데르스하네 | 교실 |
| dilemek | 딜레멕 | 바라다, 기대하다 |
| dönmek | 된멕 | 돌아가다 |
| eğlence | 에으렌제 | 오락, 즐김 |
| eş | 에쉬 | 짝, 배우자 |
| evet | 에웨트 | 네, 그래요 |
| evlenmek | 에브렌멕 | 결혼하다 |
| evli | 에브리 | 기혼자 |
| galiba | 갈리바 | 혹시, 아마 |
| gayet | 가예트 | 아주, 매우 |
| geçen | 게첸 | 지난, 과거의 |
| gitmek | 기트멕 | 가다 |

| | | |
|---|---|---|
| görüşmek | 괴뤼쉬멕 | 보다, 만나다 |
| hâlâ | 할라 | 여전히 |
| hayat | 하야트 | 생활, 삶 |
| henüz | 헤뉘즈 | 아직 |
| işte | 이쉬테 | 자, 바로 |
| karşılaşma | 카르쉬라쉬마 | 만남 |
| kart | 카르트 | 명함, 카드 |
| kaydetmek | 카이데트멕 | 기록하다, 등록하다 |
| nasıl? | 나슬 | 어떻게, 어떤 |
| okul | 오쿨 | 학교 |
| otobüs | 오토뷔스 | 버스 |
| önce | 왼제 | 먼저 |
| öyle | 외일레 | 그렇게, 이처럼 |
| rica etmek | 리자에트멕 | 원하다, 요청하다 |
| rüzgar | 뤼즈가르 | 바람 |
| sana | 사나 | 네게 |
| sevinmek | 세윈멕 | 사랑받다 |
| sevmek | 세브멕 | 사랑하다 |
| sık sık | 슥 슥 | 자주 |
| sinema | 시네마 | 영화 |
| tebrik etmek | 테브릭 에트멕 | 축하하다 |
| taksi | 탁시 | 택시 |
| tamam | 타맘 | 완전하다, 좋다 |
| tesadüf | 테사뒤프 | 우연, 우발 |
| ya | 야 | 만일, 또는, 혹은 |
| yani | 야니 | 즉 |
| yaşamak | 야샤막 | 생활하다, 살다, 경험하다 |
| yıl | 이을 | 해, 년 |

## Hal Hatır Sorma
할 하트르 소르막

안부묻기

| | | | |
|---|---|---|---|
| A | Nasılsın? | 나슬슨? | 안녕? |
| B | İyiyim / Çok iyiyim. | 이임/촉 이임 | 잘 있어?/ 참 잘 있어 |
| | Ya sen? / Sen nasılsın? | 야 센?/센 나슬슨 | 그럼 넌? / 넌 어떻니 |
| A | Nasılsınız? | 나슬스느즈 | 안녕하세요 |
| B | İyiyim, teşekkürler! | 이임, 테섹퀴르레르 | 좋아, 고마워 |
| | Ya siz? / Siz nasılsınız? | 야 시즈 / 시즈 나슬스느즈 | 그럼, 당신은 / 당신은 안녕하세요 |
| A | Ben de iyiyim. | 벤 데 이임 | 나도 잘 지내. |
| A | Görüşmeyeli nasılsın? | 괴뤼쉬메옐리 나슬슨 | 만나지 못한 동안 잘 지냈어? |
| B | Fena değilim. / Şöyle böyle. | 훼나 데일림 / 쉐일레 뵈일레 | 나쁜 일 없어 / 그럭저럭 |
| A | Görüşmeyeli nasılsınız? | 괴뤼쉬메옐리 나슬스느즈 | 만나지 못한 동안 잘 지냈어요? |
| B | İyiyim. Sizi sormalı. | 이임. 시지 소르말르 | 잘 지냈어요. 당신의 안부가 궁금합니다. |

| | | | |
|---|---|---|---|
| A | Ne haber? | 네 하베르 | 무슨 일 없어요? |
| B | İyilik, sağlık. Senden ne haber? | 이이릭, 사으륵. 센덴 네 하베르 | 잘 지내요. 당신은 무슨 일 없었어요? |
| A | Ne var, ne yok? | 네 와르, 네 욕? | 별 일 없지요? |
| B | İyilik, sağlık. Sende ne var ne yok? | 이이릭, 사으륵. 센데 네 와르 네 욕? | 잘 지내요. 당신에게 별 일 없지요? |
| A | Senin burada ne işin var? | 센닌 부라다 네 이쉰 와르 | 너 여기에서 무슨 일 있니? |
| B | Artık burada yaşıyorum. | 아르특 부라다 야쉬요름 | 이제 여기에서 살아. |
| A | Ne tesadüf! | 네 테사뒤프 | 대단한 우연이군 |
| B | Evet. Dünya çok küçük. | 에웨트. 뒨야 촉 퀴췩 | 그래. 세상 참 좁구나 |

## Dilekler / İstekler
딜렉 / 이스텍레르

바람/희망



| | | | |
|---|---|---|---|
| A | Seni gördüğüme çok sevindim. | 세니 괴르뒤위메 촉 세윈딤 | 너를 보게 돼 매우 기뻤어. |
| B | Ben de seni gördüğüme sevindim. | 벤 데 세니 괴르뒤위메 촉 세윈딤 | 나도 너를 보게 돼 매우 기뻤어. |
| A | Sizi gördüğüme çok sevindim. | 시지 괴르뒤위메 촉 세윈딤 | 당신을 보게 돼 매우 기뻤어요 |
| B | Bilmukabele! Ben de çok sevindim. | 빌무카벨레! 벤 데 촉 세윈딤 | 똑 같아! 나도 매우 기뻤어 |
| A | Seni telefonla arasam, olur mu? | 세니 텔레폰라 아라삼, 올루르 무? | 네게 전화해도 괜찮니? |
| B | Tabi. Memnun olurum. | 타비. 멤눈 올루룸 | 물론. 좋지. |
| A | Sizi telefonla aramam mümkün mü? | 시지 텔레폰라 아라삼 뮌 뮈? | 당신께 전화해도 괜찮아요? |
| B | Tabi. Ne zaman isterseniz. | 타비. 네 자만 이스테르센니즈. | 물론. 언제라도 원하신다면. |
| A | Artık sık sık görüşürüz. | 아르틐 슼 슼 괴뤼쉬뤼즈 | 이제 자주 봅시다 |
| B | Evet, çok iyi olur. | 에웨트, 촉 이이 올루르 | 네, 아주 좋아요. |

| | | | |
|---|---|---|---|
| A | Sık sık görüşelim. | 슥 슥 괴뤼셀림 | 자주 봅시다. |
| B | Çok sevinirim. | 촉 세윈이림 | 아주 좋지요. |
| A | Size nasıl ulaşırım? | 시제 나슬 울라스름 | 당신에게 어떻게 연락할까요? |
| B | Beni bu numaradan arayabilirsiniz. | 베니 부 누마라단 아라야빌리르신니즈 | 나에게 이 번호로 연락할 수 있어요. |
| A | Kartvizitiniz var mı? | 카르트위지티니즈 와르 므? | 당신의 명함이 있습니까? |
| B | Tabi. İşte! Buyurun! | 타비. 이쉬테! 부유룬 | 물론입니다. 자! 여기요. |
| A | Kartvizitinizde telefon numaranız var mı? | 카르트위지티니즈 데 텔레폰 누마라 느즈 와르 므? | 당신 명함에 전화 번호가 있어요? |
| B | Ev telefonum yok, ama iş telefonum var. | 에브 텔레포눔 욕, 아마 이쉬 텔레포눔 와르 | 집 전화번호는 없어요, 그러나 직장 전화번호가 있어요. |
| A | Cep telefonunuzu yazabilir miyim? | 젭 텔레포누누주 야자빌리르 미임? | 당신의 헨드폰 번호를 (내가)적을 수 있습니까? |
| B | Elbette! | 엘벳테 | 물론입니다. |

ÜNİTE II

## III. Dil Bilgisi

ÜNİTE II

### ① Yönelme Durumu Eki: -(y)A : -(y)a, -(y)e, 여격 어미

a, ı, o, u → -(y)a; e, i, ö, ü → -(y)e

| | | |
|---|---|---|
| okula | → | Okula gidiyorum. |
| dershaneye | → | Dershaneye gitmiyorum. |
| sinemaya | → | Sinemaya gitmek istiyorum. |
| İstanbul'a | → | İstanbul'a dönmüyorum. |
| Zeynep'e | → | Zeynep'e bakıyorum. |

| | | |
|---|---|---|
| **ben** | → | **bana** |
| **sen** | → | **sana** |
| **o** | → | **ona** |
| biz | → | bize |
| siz | → | size |
| onlar | → | onlara |

### ② Bulunma Durumu Eki: -DA: (-da, -de /-ta, -te), 처격 어미

a, ı, o, u → -Da (-da/-ta) ; e, i, ö, ü → -De (-de/-te)

*telefon***da** → Telefonda numara var.
*ev***de** → Evde İnternet yok.
*lise***de** → Lisede öğrenciler ve öğretmenler var.
*Kore'***de** → Kore'de baklava yok.
*Türkiye'***de** → Türkiye'de çok turist var.
*Kolej'***de** → Tolga ve Lee Kolej'de oturuyorlar.
*TÖMER'***de** → Türkler TÖMER'de İngilizce öğreniyorlar.

처격 어미 **-da, -de**가 무성자음 **-f, -s, -t, -k, -ç, -ş, -h, -p**에 올 경우에 **/-ta, -te**로 쓰인다.

**Son ünsüzler: -f, -s, -t, -k, -ç, -ş, -h, -p + -tA (-ta/-te)**

Sını*f*ta öğrenciler var, ama öğretmen yok.
Kim, soka*k*ta Türkçe konuşuyor.
Kar*t*ta ev telefonu yok.
Ce*p*te telefon var.

ben → bende
sen → sende
**o** → **onda**
biz → bizde
siz → sizde
onlar → onlarda

## ③ Ayrılma Durumu Eki: -DAn: (-dan, -den /-tan, -ten), 탈격 어미

**a, ı, o, u → -Dan (-dan/-tan) ; e, i, ö, ü → -Den (-den/-ten)**

ÜNİTE II

Ahmet ev**den** geliyor.

Bu öğrenci oku*l***dan** çok memnun.

Adam bu kadı*n***dan** çok hoşlanıyor.

O, park**tan** geliyor.

**Son ünsüzler: -f, -s, -t, -k, -ç, -ş, -h, -p + -tAn (-tan/-ten)**

탈격 어미 **-dan**, **-den**이 무성자음 **-f**, **-s**, **-t**, **-k**, **-ç**, **-ş**, **-h**, **-p**에 올 경우에 **/-tan**, **-ten**으로 쓰인다.

Öğrenciler sınıftan çıkıyorlar.

Lee, otobüsten iniyor.

Onlar işten eve yürüyerek dönüyorlar.

Çocuklar sokaktan geliyorlar

ben → benden

sen → senden

o → **ondan**

biz → bizden

siz → sizden

onlar → onlardan

## ④ Belirtme Durumu Eki: -(y)İ:-(y)ı, -(y)i, -(y)u, -(y)ü,
목적격 어미

**a,ı → -(y)ı;   e,i → -(y)i;   o,u → -(y)u;   ö,ü → -(y)ü**

Tolga bu *ev***i** hiç sevmiyor.

Öğrenci sinem*a***yı** çok seviyor.

Bu ok*u*l**u** bilmiyorum.

229 numaralı otob*ü*s**ü** bekleyin.

ben → beni

sen → seni

o → **onu**

biz → bizi

siz → sizi

onlar → onları

## 5 Şimdiki Zamanda Soru (?): -(İ)yor mu?

현재시제의 의문형

### a) Olumlu Soru (+?), 긍정의문형

İ = a, ı → ı;  e, i → i;  o, u → u;  ö, ü → ü

(Ben) *fiil* + **-(İ)yor muyum?** → (Ben) gel**iyor muyum?**
(Sen) *fiil* + **-(İ)yor musun?** → (Sen) dön**üyor musun?**
(O) *fiil* + **-(İ)yor mu?** → (O) *otur***uyor mu?**
(Biz) *fiil* + **-(İ)yor muyuz?** → (Biz) *öğren***iyor muyuz?**
(Siz) *fiil* + **-(İ)yor musunuz?** → (Siz) *yap***ıyor musunuz?**
(Onlar) *fiil* + **-(İ)yorlar mı?** → (Onlar) *çalış***ıyorlar mı?**

### b) Olumsuz Soru (-?), 현재시제의 부정의문형

İ = a, ı → ı;  e, i → i;  o, u → u;  ö, ü → ü

(Ben) *fiil* + **-mİyor muyum?** → (Ben) *gel***miyor muyum?**
(Sen) *fiil* + **-mİyor musun?** → (Sen) *dön***müyor musun?**
(O) *fiil* + **-mİyor mu?** → (O) *otur***muyor mu?**
(Biz) *fiil* + **-mİyor muyuz?** → (Biz) *öğren***miyor muyuz?**
(Siz) *fiil* + **-mİyor musunuz?** → (Siz) *yap***mıyor musunuz?**
(Onlar) *fiil* + **-mİyorlar mı?** → (Onlar) *çalış***mıyorlar mı**

## 6 Nereye? (어느 곳으로): 의문대명사

A Nereye gidiyorsun?
B Eve gidiyorum?

A Öğrenciler nereye gidiyorlar?
B Onlar okula gidiyorlar.

A Lee nereye gidiyor?
B O, kursa gidiyor.

A Zeynep nereye gidiyor?
B Zeynep sinemaya gidiyor.

A Kuzey nereye gidiyor?
B O, işe gidiyor.

A Bu otobüs nereye gidiyor?
B Bu otobüs Kızılay'a gidiyor.

## 7 Nerede? (어디에, 어느 곳에)

A Lee ve Tolga nerede oturuyorlar?
B Onlar Kolej'de oturuyorlar.

A TÖMER nerede?
B TÖMER Ankara'da, Kızılay'da.

A Kim, nerede Türkçe öğreniyor?

B Kim, TÖMER'de Türkçe öğreniyor.

A Kim ile Ali nerede tanışıyorlar?

B Onlar kursta tanışıyorlar.

## 8 Nereden? (어느 곳으로부터, 어디에서)

A Nereden geliyorsun?

B Okuldan geliyorum.

A Mehmet Bey nereden geliyor?

B O, işten geliyor.

A Gül Hanım nereden geliyor?

B O, alışverişten geliyor.

A Koreliler nereden geliyorlar?

B Onlar Kore'den geliyorlar.

## IV. Alıştırmalar

**01** Aşağıdaki cümlelerde boşlukları **yönelme durumu ekleri** ile doldurunuz.

1) Ahmet ile Ayşe sinema___ gidiyorlar.
2) Çocuklar bahçe___ giriyorlar.
3) Annem ve babam ev___ dönmüyorlar.
4) Öğrenciler film___ bakıyorlar.
5) Benim öğretmenim Türkiye'___ gitmek istiyor.
6) Bugün Türk arkadaşlarım Seul'___ geliyorlar.
7) Okuldan sonra tiyatro___ geçiyorlar mı?
8) Alışverişten önce banka___ gidiyorum.
9) Ankara'ya değil, İzmir'___ dönüyorum.
10) Affedersiniz! Kim___ bakıyorsunuz?
11) Kuzey ile Zeynep nere___ gidiyorlar?
12) Telefon numaranı ben___ veriyor musun?

**02** Aşağıdaki cümlelerde boşlukları **bulunma durumu ekleri** ile doldurunuz.

1) Koreli öğrenciler TÖMER'___ Türkçe öğreniyorlar.
2) Türk öğretmen lokanta___ yemek yiyor.
3) Bizim evimiz Kolej'___ .
4) Doktor bu ev___ oturuyor.
5) Öğrenciler sınıf___ televizyon seyrediyorlar.
6) O___ benim numaram var mı?
7) Ağaç___ kuşlar var.

8) Çocuklar park___ top oynuyorlar.
9) Bu iki öğrenci nere___ oturuyor?
10) İki arkadaş banka___ buluşuyor.
11) Komşular sokak___ karşılaşıyorlar.
12) Babam Avrupa'___ çalışıyor.

**03** Aşağıdaki cümlelerde boşlukları **ayrılma durumu ekleri** ile doldurunuz.

1) Annem mağaza___ geliyor.
2) Onun babası taksi___ iniyor.
3) Sizin eşiniz hangi kasap___ alışveriş yapıyor.
4) Çocuklar park___ dönüyorlar.
5) Bu genç___ hoşlanıyor musunuz?
6) Bu öğrenciler nere___ geliyorlar?
7) Kadın pencere___ sokağa bakıyor.
8) Zeynep Ankara'da yaşamak___ çok memnun.
9) Alışveriş___ sonra eve dönmüyor mu?
10) Sinema___ önce kitapçıya gidiyoruz.
11) Öğrenci bu sınıf___ çıkıyor.
12) Et ve peyniri hangi market___ alıyorsun?

**04** Aşağıdaki cümlelerde boşlukları **belirtme durumu ekleri** ile doldurunuz.

1) Öğretmen bu öğrenci___ tanımıyor.
2) Çocuklar sınıf___ bilmiyorlar.
3) Koreliler İstanbul'___ çok seviyorlar.

4) Ben bu otobüs___ hiç beğenmiyorum.

5) MSN'de Ahmet'___ her gün görüyorum.

6) Tamam! Bu araba___ alıyoruz.

7) O___ gördüğüme çok sevindim.

8) Türkçe'___ Türkiye'de öğreniyoruz.

9) Annem___ ve babam___ çok özledim.

10) Kuzey, Ayşe'___ çok beğeniyor.

11) Yarın Zeynep'___ telefonla arayacağım.

12) Lütfen, bu pantolon___ deneyin.

Mehmet Bey memur. Merkez Bankasında çalışıyor. Mehmet Bey 54 yaşında, gözlüklü, bıyıklı ve biraz şişman. Mehmet Beyin eşi Fatma Hanım çalışmıyor. O, ev hanımı. Fatma Hanım 48 yaşında ve kıvırcık saçlı. Mehmet Bey ve Fatma Hanımın üç çocukları var. Gamze üniversitede okuyor, 22 yaşında ve avukat olmak istiyor. Coşkun gözlüklü ve uzun boylu. O, lisede okuyor ve mühendis olmak istiyor. Coşkun her yaz Amerika'ya gidiyor. Çünkü, Amerika'da kuzenleri var. Kemal ise ortaokulda okuyor, henüz 13 yaşında. Gitar çalmayı çok seviyor ve müzisyen olmak istiyor.

Cumartesi ve pazar günleri Mehmet Bey, Fatma Hanım, Gamze, Coşkun ve Kemal arabaya biniyorlarve ormana gidiyorlar. Onlar ormanda piknik yapıyorlar. Piknikte bol bol et yiyorlar. Gamze çay, Coşkun ve Kemal ise meyve suyu içiyor.

Yemek bitiyor. Mehmet Bey gazete okuyor. Fatma Hanım radyo dinliyor. Gamze ve Coşkun kitap okuyorlar. Kemal ise gitar çalıyor.

Piknik çok güzel. Ormanda ağaçlar ve kuşlar var. Kuşlar ötüyor, herkes çok eğleniyor ve dinleniyor.

| | |
|---|---|
| Memur | 공무원, 사무원 |
| gözlüklü | 안경을 쓴 |
| bıyıklı | 코수염이있는 |
| şişman | 뚱뚱한 |
| çalışmıyor | 일하지 않는다 |
| ev hanımı | 가정주부 |
| kıvırcık saçlı | 곱슬머리의 |
| üniversitede okuyor | 대학에서 공부한다 |
| avukat | 변호사 |
| kuzen | 사촌 |
| üç çocukları var | 세 자녀가 있다 |
| uzun boylu | 큰 키의, 키가 큰 |
| lisede okuyor | 고등학교에서 공부한다 |
| mühendis olmak istiyor | 엔지니어가 되기를 원한다 |
| ortaokul | 중학교 |
| Gitar çalma | 기타 치기 |
| müzisyen | 음악가 |
| müzisyen olmak istiyor | 음악가가 되기를 원한다 |
| arabaya biniyorlar | 자동차에 타다(그들이) |
| orman | 숲 |
| piknik yapıyorlar | 소풍을 가다, 소풍을 즐긴다 |
| meyve suyu | 과일 주스 |
| gazete | 신문 |
| gazete okuyor | 신문을 읽는다 |
| radyo dinliyor | 라디오를 듣다 |
| gitar çalmak | 기타를 치다 |
| eğlenmek | 즐기다, 놀다 |
| kuşlar ötüyor | 새들이 지저귄다 |
| çok eğleniyor | 매우 즐기다 |

ÜNİTE III

# ALIŞVERİŞ

# MARKETTE

마르켓테

**Neşe** Ahmet, alışveriş listesi sende mi?
아흐메트, 알으쉬웨리쉬 리스테시 센데 미?

**Ahmet** Hayır liste bende yok, liste sende değil mi?
하이으르 리스테 벤데 욕, 리스테 센데 데일 미?

**Neşe** Hayır, liste bende de yok. Neyse!
하이으르, 리스테 벤데 데 욕. 네이세!

Meyvelerden iki kilo muz, bir kilo elma, yarım kilo da
메이웨레르덴 이키 킬로 무즈, 비르 킬로 엘마, 야름 킬로 다

çilek alalım.
칠렉 알랄름.

**Ahmet** ... Meyveler tamam. Sebzelerden neler alalım?
··· 메이웨레르 타맘. 세브제레르덴 넬레르 알랄름?

**Neşe** İki kilo patates, bir kilo kuru soğan ve yarım kilo
이키 킬로 파타테스, 비르킬로쿠루 소안 웨 야름 킬로

ıspanak alalım.
으스파낙 알랄름.

**Ahmet** Domates de alayım mı?
도마테스 데 알라이음 므?

**Neşe** Hayır, domates alma. Evde domates var. Ben dün
하이으르, 도마테스 알마. 에브데 도마테스 와르. 벤 뒨

manavdan aldım.
마나브단 알듬.

**Ahmet** ... Evet. Sebzeler de tamam. Peki, kahvaltılık neler alalım?
... 에웨트. 세브제레르 데 타맘. 페키, 카흐왈트륵 네레르 알랄름?

**Neşe** Yarım kilo zeytin, bir kilo beyaz peynir, bir koli de
야름 킬로 제이틴, 비르킬로 베이아즈 페이니르, 비르 콜리 데

yumurta alalım.
유므르타 알랄름.

A! Bir litre de süt alalım.
아! 비르 리트레 데 쉬트 알랄름.

마케트에서

Neşe 아흐메트, 쇼핑 리스트가 네게 있니?

Ahmet 아니, 리스트가 내게 없어, 리스트가 네게 있지 않아?

Neşe 아니, 리스트가 내게 없어. 됐어.
과일 중에서 바나나 2 킬로, 사과 1 킬로, 딸기 반 킬로(500 그램) 사자.

Ahmet ...과일은 됐고, 채소는 어떤 것을 살까?

Neşe 감자 2 킬로, 양파 1 킬로, 시금치 반 킬로 사자.

Ahmet 토마토도 살까?

Neşe 아니, 토마토 사지마. 집에 토마토 있어. 내가 어제 채소가게에서 샀어.

Ahmet ...그래. 채소도 됐고. 좋아, 아침 식사용으로 무엇을 살까?

Neşe 올리브 반 킬로, 흰 치즈 1 킬로, 계란 1 판(꾸러미) 사자.
아! 우유 1 리터 사자.

# MARKETTE

마르켓테

**Ahmet** Ama ben dün süt aldım. O süt bitti mi?
아마 벤 뒨 쉬트 알듬. 오 쉬트 빗티 미?

**Neşe** Aa ! Evet evet. Unuttum, pardon.
아! 에웨트 에웨트. 우눗툼, 파르돈.

**Ahmet** ... Kahvaltılık da tamam. Kasap reyonundan neler alalım?
... 카흐왈트륵 다 타맘. 카삽 레이오눈단 네레르 알랄름?

**Neşe** Sucuk alma! Ben geçen hafta aldım. Et burada ucuz,
수죽 알마! 벤 게첸 하프타 알듬. 에트 부라다 우즈우즈,

ama tavuk çok pahalı.
아마 타욱 촉 파할르.

**Ahmet** Öyle mi? Peki, 1 kilo tavuk kaç lira?
외일레 미? 페키, 비르 킬로 타욱 카츠 리라?

**Neşe** Tavuğun kilosu 5 lira
타우운 킬로수 베쉬 리라.

**Ahmet** Haklısın, tavuk bu markette çok pahalı. O halde
하크르슨, 타욱 부 마르켓테 촉 파할르. 오 할데

alışverişimiz bitti mi?
알르쉬웨리쉬미즈 비티 미?

**Neşe** Evet, şimdilik bu kadar. Kredi kartını kullan, çünkü çok
에웨트, 쉼디릭 부 카다르. 크레디 카르트느 쿨란, 췬퀴 촉

alışveriş yaptık.
알르쉬웨리쉬 얍특.

**Ahmet** Tamam! Kredi kartımı kullanayım.
타맘! 크레디 카르트므 쿨라나이음.

마케트에서

Ahmet 그러나 내가 어제 우유 샀거든. 그 우유 없니?

Neşe 아참! 그래, 그래. 네가 어제 샀지. 내가 잊었어. 미안해.

Ahmet 아침 식사거리도 됐고. 정육 코너에서 무엇을 살까?

Neşe 마른 순대는 사지마. 내가 지난 주에 샀어. 여기는 고기가 싸.
그러나 닭고기는 매우 비싸.

Ahmet 그래? 좋아, 닭고기 1 킬로에 얼마야?

Neşe 닭고기 1 킬로에 5 리라.

Ahmet 네가 옳았어, 닭고기가 이 마켓에서는 매우 비싸. 그러면 쇼핑이 끝났어?

Neşe 응, 지금 이 정도만. 신용 카드 사용해, 왜냐면 우리 아주 많이 구입했어.

Ahmet 알았어(좋아)! 내 신용카드를 사용해야지.

# MAĞAZADA...

마 - 아자다

**Satıcı** Buyurun Beyefendi, hoş geldiniz!
부유룬 베이에펜디, 호쉬 겔디니즈!

**Müşteri** Hoş bulduk. Bir çift ayakkabı almak istiyorum.
호쉬 불둑. 비르 치프트 아약카브 알막 이스티요름

**Satıcı** Nasıl bir ayakkabı istiyorsunuz?
나슬 비르 아약카브 이스티요르수누즈?

**Müşteri** Beyaz spor ayakkabı var mı?
베야즈 스포르 아약카브 와르 므?

**Satıcı** Tabii efendim. Kaç numara giyiyorsunuz?
타비 에펜딤. 카츠 누마라 기이요르수누즈?

**Müşteri** 40 numara giyiyorum.
크르크 누마라 기이요름.

**Satıcı** Bu model nasıl?
부 모델 나슬?

**Müşteri** Çok güzel! Yeni sezon mu?
촉 귀젤! 예니 세존 무?

**Satıcı** Evet efendim. Bu model yeni. Buyurun, deneyin.
에웨트 에펜딤. 부 모델 예니. 부유룬, 데네인.

**Müşteri** Evet, çok rahat! Fiyatı ne kadar?
에웨트, 촉 라하트! 피야트 네 카다르?

**Satıcı** Fiyatı 65 lira.
피야트 알트므쉬 베쉬 리라.

**Müşteri** Biraz indirim yapın, lütfen!
비라즈 인디림 야픈, 뤼트펜!

상점에서

Satıcı 어서 오세요 손님, 환영합니다.

Müşteri 즐거운 만남입니다. 운동화 한 켤레 사고 싶어요.

Satıcı 어떤 운동화를 원하세요?

Müşteri 흰 스포츠화 있어요?

Satıcı 물론이지요, 손님, 몇 호(문)를 신으세요?

Müşteri 40호를 신어요.

Satıcı 이 모델 어떤가요?

Müşteri 매우 좋아요. 새 계절용(신제품)입니까?

Satıcı 네, 손님. 이 모델은 신형(신제품)입니다. 자, 신어보세요.

Müşteri 네, 아주 편해요. 가격이 얼마입니까?

Satıcı 가격이 65 리라.

Müşteri 약간 할인해 주세요. 미안하지만!

# MAĞAZADA...

마 – 아자다

| | |
|---|---|
| Satıcı | Maalesef efendim. Yeni sezon ayakkabılarda indirim yok.<br>마알레세프 에펜딤. 예니 세존 아약카브라르다 인디림 욕. |
| Müşteri | Tamam, alıyorum... Buyurun ücretiniz.<br>타맘, 알르요름.... 부유룬 위즈레티니즈. |
| Satıcı | Bu da paranızın üstü. Güle güle kullanın.<br>부 다 파라느즌 위스튀. 귈레 귈레 쿨라는. |
| Müşteri | Teşekkür ederim. Hayırlı işler!<br>테쉐퀴르 에데림. 하이으를르 이쉬레르 |
| Satıcı | İyi günler, efendim! Yine bekleriz.<br>이이 귄레르, 에펜딤! 이네 베크레리즈. |

ÜNİTE III

상점에서

Satıcı 딱하지만, 손님. 새 계절용 운동화에는 할인이 곤란합니다.

Müşteri 알았어요, 사겠어요... 자, 대금(당신의 돈)요.

Satıcı 이것은 거스름돈입니다. 잘 신으세요.

Müşteri 고마워요. 일이 잘 되길 바랍니다! (행운을 빕니다)

Satıcı 고마워요, 손님. 또 오세요.

# I. Kelime Bilgisi

ÜNİTE III

| | | | |
|---|---|---|---|
| almak | 사다 | kahvaltılık | 아침 식사용(음식) |
| ayakkabı | 운동화, 구두 | kasap | 고기 |
| beyaz | 흰색 | kilo | 킬로 |
| Beyefendi | 손님, 주인. | koli | 소포, 꾸러미 |
| bitmek | 끝나다 | kredi kartı | 신용카드 |
| çift | 쌍, 켤레 | kullanmak | 사용하다 |
| çilek | 딸기 | kuru soğan | 마른 양파 |
| denemek | 시도하다 | liste | 목록, 리스트 |
| domates | 토마토 | litre | 리터 |
| efendim | 주인, 선생님 | maalesef | 불행하게도, 딱하지만 |
| elma | 사과 | mağaza | 상점 |
| et | 고기 | manav | 과일, 야채가게 |
| fiyat | 가격 | market | 마켓 |
| geçen | 지난 | meyve | 과일 |
| giymek | 입다 | model | 모델 |
| hafta | 주 | muz | 바나나 |
| haklı | 옳다 | öyle | 그렇게 |
| ıspanak | 시금치 | pahalı | 비싸다 |
| indirim | 인하, 할인 | para | 돈 |
| istemek | 원하다 | pardon | 미안하다, 용서하다 |
| kaç? | 얼마? | patates | 감자 |
| kadar | 정도, ~까지 | peki | 좋다 |

| | | | |
|---|---|---|---|
| rahat | 편하다 | ucuz | 싸다 |
| reyon | 선반, 판매대 | unutmak | 잊다 |
| sebze | 채소 | ücret | 비용, 대가 |
| sezon | 계절, 시즌, 철 | yarım | 절반 |
| sucuk | 마른 순대 | yeni | 새로운 |
| | | yeni sezon | 새 계절(신제품) |
| süt | 우유 | ayakkabı | 운동화 |
| şimdilik | 현재로 | yumurta | 계란 |
| tabi | 물론 | zeytin | 올리브 |
| tavuk | 닭, 닭고기 | | |

## Alışveriş İçin Giriş İfadeleri
쇼핑을 위해 들어갔을 때의 표현

**SATICI – MÜŞTERİ**

판매자 – 손님

| | | |
|---|---|---|
| A | Buyurun Beyefendi, hoş geldiniz! | 어서 오세요 손님(남성), 환영합니다. |
| B | Hoş bulduk! Hayırlı işler! | 즐거운 만남입니다. 일이 잘 되길 바랍니다! |
| A | Buyurun Hanımefendi, hoş geldiniz! | 어서 오세요 손님(여성), 환영합니다. |
| B | Hoş bulduk! | 즐거운 만남입니다. |
| A | Hoş geldiniz, efendim. | 어서 오세요, 선생님. |
| B | Hoş bulduk! | 즐거운 만남입니다. |
| A | Yardımcı olabilir miyim? | 도와 드릴까요? |
| B | Evet. Lütfen! | 네, 미안하지만! |
| A | Nasıl yardımcı olabilirim? | 어떻게 도와 드릴까요? |
| B | Sizde kravat var mı? | 당신(가게)에 넥타이 있어요? |

## Alışveriş Sırasındaki İfadeler
쇼핑 과정에서의 표현

### MAĞAZADA MÜŞTERİ - SATICI

상점에서 손님 - 판매자

| | | |
|---|---|---|
| A | Affedersiniz, erkek reyonu nerede? | 미안합니다, 남성용 판매대가 어디예요? |
| B | Erkek reyonumuz ikinci katta, efendim. | (우리의)남성용 판매대(코너)는 이층에 있어요. 손님. |
| A | Affedersiniz, bayan reyonu nerede? | 미안합니다, 여성용 판매대가 어디예요? |
| B | Bayan reyonumuz giriş katta, efendim. | (우리의) 여성용 판매대는 입구에 있어요. 손님. |
| A | Affedersiniz, çocuk reyonu nerede? | 미안합니다, 어린이용 판매대가 어디예요? |
| B | Çocuk reyonumuz birinci katta efendim. | 어린이용 판매대가 1층에 있어요, 손님. |
| A | Mağazanızda büyük beden var mı? | (당신의) 상점에 큰 체형(의 물건)이 있어요? |
| B | Maalesef, yok efendim. / Evet efendim. | 안됐지만, 없어요 손님. / 네 손님. |

ÜNİTE III

| | | |
|---|---|---|
| A | Sizde ayakkabı bulunur mu? | 상점에 운동화 있어요? |
| B | Evet, efendim. | 네, 손님. |
| A | Büyük beden bulunur mu? | 큰 체형(의 물건)이 있어요? |
| B | Tabi efendim! Kaç numara? | 물론이지요, 손님! 몇 호? |
| A | Affedersiniz! Bunun bir büyüğü var mı? | 미안하지만, 이것보다(한 치수) 큰 것 있어요? |
| B | Tabi efendim! Kaç numara giyiyorsunuz? | 물론이지요, 손님! 몇 호를 입으세요? |
| A | Affedersiniz, bunun bir küçüğü var mı? | 미안하지만, 이것보다(한 치수) 작은 것 있어요? |
| B | Maalesef efendim. | 딱하군요, 손님. |
| A | Bunun mavi renklisi var mı, acaba? | 이것의 푸른 색이 있어요, 혹시? |
| B | Evet efendim. Buyurun! | 네, 손님. 여기 있어요! |
| A | Bunun açık renklisi var mı, acaba? | 이것보다 밝은 색이 있어요, 혹시? |
| B | Var efendim. | 있어요 손님. |
| A | Bunun koyu renklisi var mı, acaba? | 이것보다 짙은 색이 있어요, 혹시? |
| B | Tabi efendim! | 물론이지요 손님! |

ÜNİTE III

| | | |
|---|---|---|
| A | Bu ayakkabıyı alıyorum. | 이 운동화를 사겠습니다. |
| B | Tamam efendim. | 좋아요 손님. |
| A | Gömleği alıyorum, ama pantolon kalsın. | 셔츠를 사겠어요, 그러나 바지는 말고요. |
| B | Nasıl isterseniz. | 어떻게 원하시든지. |
| A | Beyaz renklisini alıyorum. | 흰색을 사겠어요. |
| B | Hemen efendim. | 즉시(드리겠어요) 손님. |
| A | Bunu hediyelik paket yapar mısınız? | 이것을 선물 포장으로 해주시겠어요? |
| B | Tamam, efendim. Biraz bekleteceğim. | 좋아요, 손님. 약간 기다려주세요. |
| A | Bunu paketlemeyin. Şimdi giyeceğim. | 이것을 포장하지 마세요. 지금 입겠어요. |
| B | Nasıl isterseniz, efendim. | 어떻게 원하시든지, 손님. |

## MARKETTE MÜŞTERİ – SATICI

상점에서 손님 – 판매자

| | | |
|---|---|---|
| A | Markette et reyonu var mı, acaba? | 상점에 고기 코너(판매대)가 있어요, 혹시? |
| B | Maalesef, Beyefendi. Et reyonumuz yok. | 딱하군요, 손님. 고기 판매대가 없어요. |
| A | Affedersiniz, giysi reyonu nerede? | 미안하지만, 옷 판매대가 어디예요? |
| B | Hemen sağda efendim. | 바로 오른쪽에, 손님. |
| A | Affedersiniz, yiyecek reyonu nerede? | 미안하지만, 식품 판매대가 어디예요? |
| B | Alt katta, efendim. | 아래 층에, 손님. |
| A | Affedersiniz, şarküteri reyonu nerede? | 미안하지만, 소시지 종류 판매대가 어디예요? (Şarküteri: 소시지 종류 전문판매) |
| B | Üst katta efendim | 위층에요 손님. |
| A | Sebze-meyve reyonu ne tarafta acaba? | 채소-과일 판매대가 어느 쪽에 있어요? |
| B | Hemen solda. | 바로 왼쪽에. |
| A | Unlu mamuller ne tarafta? | 밀가루(를 사용한) 제품들이 어디있어요? |
| B | Arka tarafta efendim | 뒤쪽에요, 손님. |

ÜNİTE III

| | | |
|---|---|---|
| A | 1 kilo kuru soğan, lütfen. | 1 킬로 양파요, 미안하지만. |
| B | Derhal, Hanımefendi! | 바로(드릴께요), 사모님. |
| A | 2 kilo patates, lütfen. | 2 킬로 감자요, 미안하지만. |
| B | Hemen, Beyefendi. | 바로(드릴께요), 선생님. |
| A | Yarım kilo yağsız kıyma, lütfen! | 반 킬로 기름없는 갈은 고기요. |
| B | Tabi efendim! Biraz bekleteceğim. | 알겠어요 선생님! 잠시 기다리세요. |
| A | Bir adet piliç (tavuk) istiyorum. | 닭 한 마리 주세요. |
| B | Oldu, efendim. | 그러세요(네), 선생님. |
| A | Yarım kilo tatlı biber istiyorum. | 반 킬로 단(맵지 않은) 고추 주세요. |
| B | Tamam efendim! | 좋지요, 선생님! |
| A | İki paket pirinç istiyorum. | 쌀 두 상자(포대) 주세요. |
| B | Buyurun efendim! | 여기요, 손님. |

ÜNİTE III

## Fiyatla İlgili İfadeler
가격과 관련된 표현

**MARKETTE MÜŞTERİ – SATICI**

상점에서 손님 – 판매자

| | | |
|---|---|---|
| A | Bunun fiyatı ne kadar? | 이것의 가격이 얼마예요? |
| B | 20 Lira, Beyefendi. | 20 리라요, 손님. |
| A | Bunun tanesi kaça? | 이것이 개당 얼마예요? |
| B | Tanesi üç Lira, Hanımefendi. | 개당 3 리라예요, 사모님. |
| A | Bunun kilosu kaça? | 이것 1 킬로가 얼마지요? |
| B | Kilosu iki Lira, efendim. | 1 킬로에 2 리라예요, 손님. |
| A | Elmanın kilosu ne kadar? | 사과 1 킬로가 얼마지요? |
| B | Elmanın kilosu 500 Kuruş, efendim. | 1 킬로에 500 쿠루쉬예요, 손님. |
| A | Portakal ne kadar? | 오렌지는 얼마지요? |
| B | Portakalın kilosu 600 Kuruş, efendim. | 오렌지 1 킬로가 600 쿠루쉬예요, 손님. |
| A | 1 litre süt ne kadar? | 우유 1 리터가 얼마지요? |
| B | Litrelik süt 1 Lira 200 Kuruş efendim. | 우유 1 리터가 1 리라 200 쿠루쉬입니다. |
| A | 1 paket makarna kaç lira? | 국수 1 봉지가 얼마지요? |
| B | Makarnanın paketi 400 Kuruş, efendim. | 국수 1 봉지가 400 쿠루쉬입니다, 손님. |

## MAĞAZADA MÜŞTERİ - SATICI

### 상점에서 손님 – 판매자

| | | |
|---|---|---|
| A | Bu pantolon ne kadar? | 이 바지 얼마예요? |
| B | Pantolon 45 Lira, efendim. | 바지가 45 리라예요, 손님. |
| A | Gömleğin fiyatı ne kadar? | 셔츠의 가격이 얼마지요? |
| B | Gömlek 40 Lira, efendim. | 셔츠가 40 리라예요, 손님. |
| A | İndirimli ürünleriniz nerede? | 할인하는 (당신의)물건이 어디에 있어요? |
| B | Alt katta efendim. | 아래 층에요. |
| A | Ceket çok pahalı. | 재킷이 매우 비싸군요. |
| B | Yeni sezon, efendim. | 새 시즌용입니다, 손님. |
| A | İndirim yapamaz mısınız? | 할인할 수 없으세요? |
| B | Mümkün değil, Hanımefendi. | 가능하지 않습니다, 사모님. |
| A | İndirim yapmanız mümkün mü, acaba? | 할인하는 것이 가능합니까, 혹시? |
| B | Sizin için 50 Lira olur, efendim. | 당신에게 50 리라면 가능합니다, 손님. |
| A | 30 Lira pahalı, 25 Lira olur mu? | 30 리라 비싸군요, 25 리라로 하는 것이 가능합니까? |
| B | Olur, efendim. | 가능합니다. 손님. |
| A | 50 Lira pahalı, 40 Lira olur mu, acaba? | 50 리라 비싸군요, 40 리라로 할 수 있어요, 혹시? |
| B | Mümkün değil, efendim. | 가능하지 않습니다, 손님. |

ÜNİTE III

## Satış Sonrası ve Ödemeyle İlgili İfadeler
판매 후 지불과 관련된 표현

### MÜŞTERİ – KASİYER

손님 – 계산원

| | | |
|---|---|---|
| A | Kredi kartı geçiyor mu? | 신용카드를 사용할 수 있어요? |
| B | Tabi, efendim. / Maalesef, Beyefendi. | 물론이지요, 손님/곤란합니다, 선생님. |
| A | Nereyi imzalıyorum? | 어디에 사인합니까? |
| B | Şurayı imzalayın, lütfen! | 여기에 사인하세요, 미안하지만! |
| A | Toplam borcum kaç lira? | 총 지불액이 몇 리라예요? |
| B | Toplam borcunuz 120 Lira. | 총 지불액이 120 리라예요. |
| A | Ne kadar ödeyeceğim? | 얼마 지불해야 하지요? |
| B | Hepsi 35 lira, 20 kuruş | 총 35 리라 20 쿠루쉬예요. |
| A | Borcum ne kadar? | 지불액이 얼마지요? |
| B | Borcunuz 10 Lira, Hanımefendi. | 지불액이 10리라예요, 사모님. |
| A | Buyurun ücretiniz. | 여기 대금(당신의 돈)이요. |
| B | Bu da paranızın üstü. | 이것은 거스름 돈입니다. |
| A | Poşet alabilir miyim? | 봉투를 받을 수 있어요? |
| B | Tabi efendim! | 물론이지요, 손님! |

ÜNİTE III

| | | |
|---|---|---|
| A | Bir poşet daha alabilir miyim? | 봉투 하나 더 받을 수 있어요? |
| B | Hemen efendim! | 즉시(드립니다) 손님. |
| A | İyi günler! | 즐거운 날이 되세요! |
| B | Güle güle efendim! Yine bekleriz. | 안녕히 가세요, 손님! 또 기다리겠습니다. |
| A | Hayırlı işler! | 행운을 바랍니다! |
| B | Teşekkür ederiz! İyi günler! | 감사합니다! 즐거운 날이 되세요! |
| A | Hoşça kalın! | 안녕히 계세요! |
| B | Güle güle efendim! Hayırlı olsun! | 즐거운 날이 되세요! 행운을 빕니다! |
| A | Kolay gelsin! | 순조롭기를 바랍니다! |
| B | Sağ olun! Güle güle! | 감사합니다! 안녕히 가세요! |
| A | Hayırlı işler! | 행운을 빕니다! |
| B | İyi günlerde kullanınız. | 즐거운 날에 사용하세요. |
| A | Hoşça kalın! | 안녕히 계세요! |
| B | Bereket versin efendim! | (신이) 축복하시길 바래요 선생님! |

ÜNİTE III

## 1 Emir Kipi: 명령형

**a) Olumlu (+): 긍정**

**İ = ı, I, u, ü**

| | | | |
|---|---|---|---|
| (Sen) | *fiil* + - | → | (Sen) *dön*! |
| (O) | *fiil* + **-sİn** | → | (O) *otur***sun**! |
| (Siz) | *fiil* + **-İn(İz)** | → | (Siz) *ya***pın**(**ız**)! |
| (Onlar) | *fiil* + **-sİnlAr** | → | (Onlar) *çalış***sınlar**! |

**b) Olumsuz (—): 부정**

**İ = ı, I, u, ü**

| | | | |
|---|---|---|---|
| (Sen) | *fiil* + **-mA** | → | (Sen) *dön***me**! |
| (O) | *fiil* + **-mAsİn** | → | (O) *otur***masın!** |
| (Siz) | *fiil* + **-mAyİn(İz)** | → | (Siz) *yap***mayın**(**ız**)! |
| (Onlar) | *fiil* + **-mAsİnlAr** | → | (Onlar) *çalış***masınlar**! |

## ② İstek Kipi: 희망형

**a) Olumlu (+): 긍정**

(Ben) *fiil* + **-Ayİm** → (Ben) *gel***eyim**

(Biz) *fiil* + **-Alİm** → (Biz) *yap***alım**

(Ben)*oku-y-***ayım**

(Biz) *oku-y-***alım**

**b) Olumsuz (—): 부정**

(Ben) *fiil* + **-mAyAyİm** → (Ben) *gel***meyeyim**

(Biz) *fiil* + **-mAyAlİm** → (Biz) *yap***mayalım**

(Ben)*okuma-y-***ayım**

(Biz) *okuma-y-***alım**

## ③ Belirli Geçmiş Zaman: -Dİ (-dı, -di, -du, dü / -tı, -ti, -tu, -tü): (가시적 과거시제)

**a) Olumlu (+)**

**İ = a, ı → ı; e, i → i**

(Ben) *fiil* + **-Dim** → (Ben) *gel***dim**

(Sen) *fiil* + **-Dİn** → (Sen) *dön***dün**

(O) *fiil* + **-Dİ** → (O) *otur***du**

| | | | |
|---|---|---|---|
| (Biz) | *fiil* + **-Dİk** | → | (Biz) *öğren***dik** |
| (Siz) | *fiil* + **-Dİnİz** | → | (Siz) *ya***ptınız** |
| (Onlar) | *fiil* + **-DİlAr** | → | (Onlar) *çalı***ştılar** |

**b) Olumsuz (—)**

> **İ = a, ı → ı;    e, i → i**

| | | | |
|---|---|---|---|
| (Ben) | *fiil* + **-mAdİm** | → | (Ben) *gel***medim** |
| (Sen) | *fiil* + **-mAdİn** | → | (Sen) *dön***medin** |
| (O) | *fiil* + **-mAdİ** | → | (O) *otur***madı** |
| (Biz) | *fiil* + **-mAdİk** | → | (Biz) *öğren***medik** |
| (Siz) | *fiil* + **-mAdİnİz** | → | (Siz) *yap***madık** |
| (Onlar) | *fiil* + **-mAdİlAr** | → | (Onlar) *çalış***madılar** |

## 4 Sayı Sıfatları: 수형용사

| | | |
|---|---|---|
| 1 | bir | 비르 |
| 2 | iki | 이키 |
| 3 | üç | 위취 |
| 4 | dört | 듀르트 |
| 5 | beş | 베쉬 |
| 6 | altı | 알트 |
| 7 | yedi | 예디 |
| 8 | sekiz | 세키즈 |
| 9 | dokuz | 도쿠즈 |
| 10 | on | 온 |

| | | |
|---|---|---|
| 11 | on bir | 온 비르 |
| 12 | on iki | 온 이키 |
| 13 | on üç | 온 위취 |
| 14 | on dört | 온 됴르트 |
| 15 | on beş | 온 베쉬 |
| 16 | on altı | 온 알트 |
| 17 | on yedi | 온 예디 |
| 18 | on sekiz | 온 세키즈 |
| 19 | on dokuz | 온 도쿠즈 |
| 20 | yirmi | 이르미 |
| 21 | yirmi bir | 이르미 비르 |
| 30 | otuz | 오투즈 |
| 31 | otuz bir | 오투크 비르 |
| 40 | kırk | 크르크 |
| 50 | elli | 엘리 |
| 60 | altmış | 알트므쉬 |
| 70 | yetmiş | 예트미쉬 |
| 80 | seksen | 섹센 |
| 90 | doksan | 독산 |
| 100 | yüz | 유즈 |
| 200 | iki yüz | 이키 유즈 |
| 300 | üç yüz | 위취 유즈 |
| 1,000 | bin | 빈 |
| 1,100 | bin yüz | 빈 유즈 |
| 10,000 | on bin | 온 빈 |
| 50,000 | elli bin | 엘리 빈 |
| 100,000 | yüz bin | 유즈 빈 |
| 1,000,000 | bir milyon | 비르 밀리온 |

## ⑤ Sert Ünsüz Yumuşaması: 무성자음의 유성음화

| | | | | |
|---|---|---|---|---|
| p | + | ünlü | → b : | p + 모음 → b (p 다음에 모음이 오면 p가 유성자음 b로 변한다) |
| ç | + | ünlü | → c : | ç + 모음 → c |
| t | + | ünlü | → d : | t + 모음 → d |
| k | + | ünlü | → g / ğ : | k + 모음 → g / ğ |

| | | | |
|---|---|---|---|
| **kitap** | + | ı | → kitabı |
| **ağaç** | + | a | → ağaca |
| **tat** | + | ı | → tadı |
| **tavuk** | + | u | → tavuğu |

Son ünsüzü, p, ç, t, k olan *özel isimler, tek heceli kelimeler ve bazı yabancı kelimelerde* p, ç, t, k değişmez.(예외: 고유명사, 단음절 단어 또는 외래어인 경우에는 p, ç, t, k가 변하지 않는다.)

| | | |
|---|---|---|
| Zeynep | → | Zeynep'e, Zeynep'i, Zeynep'in |
| Aytaç | → | Aytaç'a, Aytaç'ı, Aytaç'ın |
| süt | → | süte, sütü, sütün |
| et | → | ete, eti, etin |
| market | → | markete, marketi, markete |

Ahme**t** → Ahme**t**'e, Ahme**t**'i, Ahme**t**'in

fiya**t** → fiya**t**a, fiya**t**ı, fiya**t**ın

ke**k** → ke**k**e, ke**k**i, ke**k**in

## 6 İsim Tamlaması: 명사수식법

터키어에서 두 개 이상의 명사가 연결되는 경우를 명사수식법이라고 한다. 합성명사는 두 개 이상의 명사들로 구성되는 합성명사 또는 명사군을 이룬다.

**a) Belirtili İsim Tamlaması: 한정명사수식법**

isim + **-(n)İn** isim + **-(s)İ**:

(수식)명사 + 소유격어미 (피수식)명사 + **-(s)İ**

*ev*in bahçe***si***

ayakkab*ı***n***ı***n** fiyat***ı***

tavuğ***u*****n** kilos***u***

gül***ü*****n** reng***i***

**b) Belirtisiz İsim Tamlaması: 비한정명사수식법, 수식명사에 소유격어미가 붙지 않는다.**

**isim isim** + **-(s)İ**: (수식)명사 (피수식)명사 + **-(s)İ**

telefon numara**sı**

kredi kart**ı**

alışveriş liste**si**

otobüs bilet**i**

## 7 Renkler 색깔

| | | |
|---|---|---|
| kahverengi | 카흐붸렌기 | 갈색 |
| siyah | 시야흐 | 검은색 |
| altın rengi | 알튼 렌기 | 금색 |
| sarı | 사르 | 노란색 |
| bej | 베지 | 베이지 |
| mor | 모르 | 보라색 |
| pembe | 펨베 | 분홍색 |
| kırmızı | 크르므즈 | 빨간색 |
| portakal rengi | 포르타칼 렌기 | 오렌지색 |
| gümüş rengi | 귀뮈쉬 렌기 | 은색 |
| yeşil | 예실 | 초록색 |
| mavi | 마비 | 파란색 |
| gri | 그리 | 회색 |
| beyaz | 베야즈 | 흰색 |

## IV. Alıştırmalar

**01** Aşağıdaki cümlelerde boşlukları **emir kipi ve istek kipi** ekleri ile doldurunuz. 아래 문장의 빈칸에 주어가 단, 복수 1인칭이면 희망형 / 2, 3인칭이면 명령형 동사로 변화시키시오.

( + ) : 긍정문 (—) : 부정문

1) ( + ) (Sen) Lütfen benimle gel___ !
2) ( + ) (O) Sinemaya sizinle git___ !
3) ( + ) (Siz) Bu kitabı oku___ !
4) ( + ) (Onlar) TÖMER'de Türkçe öğren___ !
5) ( + ) (Ben) Bir kahve al___ .
6) ( + ) (Biz) Türkiye'ye birlikte dön___ .
7) (—) (Sen) Benim telefon numaramı kaydet___ !
8) (—) (O) Bu arabaya bin___ !
9) (—) (Siz) Bu marketten alışveriş yap___ !
10) (—) (Onlar) Gece kahve iç___ !
11) (—) (Ben) Seninle aynı evde otur___.
12) (—) (Biz) Bu arabayı kullan___.

**02** Aşağıdaki cümlelerde boşlukları **belirli geçmiş zaman** ekleri ile doldurunuz.

( + ) : 긍정문 (—) : 부정문

1) ( + ) (Ben) Ayakkabıyı bu mağazadan al___ .

2) ( + ) (Sen) Bu hafta hangi filmi izle___ ?
3) ( + ) (O) Hangi kravatı dene___ ?
4) ( + ) (Biz) Geçen yıl İstanbul'da evlen___ .
5) ( + ) (Siz) Bugün işten erken dön___ .
6) ( + ) (Onlar) Sebze ve meyve almak iste___ .
7) (—) İki öğrenci bugün okula gel___ .
8) (—) Çocuk geçen hafta ders çalış___ .
9) (—) Öğrenciler derste Korece konuş___ .
10) (—) Bu kız cep telefonunu aç___ .
11) (—) Ben Kore'de metro ve otobüste kredi kartımı kullan___ .
12) (—) Siz benim telefon numaramı kaydet___ .

03 Aşağıdaki sayıları **yazı**yla yazınız.

1) 23 ____________________
2) 28 ____________________
3) 34 ____________________
4) 37 ____________________
5) 41 ____________________
6) 49 ____________________
7) 52 ____________________
8) 55 ____________________
9) 176 ____________________
10) 483 ____________________
11) 1990 ____________________
12) 2007 ____________________

04 Aşağıdaki cümlelerde boşlukları (**belirtili** ve **belirtisiz**) **isim tamlaması** ekleri ile doldurunuz.

1) Ayakkabı numara___
2) patates___ kilo___
3) süt___ litre___
4) et___ fiyat___
5) çocuk___ süt___
6) market___ ad___
7) okul müdür___
8) ders kitap___
9) sezon indirim___
10) adres defter___
11) metro durak___
12) sebze reyon___

ÜNİTE
IV

# YEMEK – İÇMEK

**Garson** Buyurun, hoş geldiniz!
부유룬 호쉬 겔디니즈

**Müşteri** Hoş bulduk! Lokantanızda sigarasız bölüm var mı?
호쉬 불둑! 로칸타느즈다 시가라스즈 뵐륌 와르 므

**Garson** Tabi efendim! Şöyle buyurun!
타비 에펜딤! 쇠일레 부유룬

**Müşteri** Teşekkür ederim!
테쉐퀴르 에데림

**Garson** Ne arzu edersiniz efendim?
네 아르주 에데르시니즈 에펜딤

**Müşteri** Çorbalardan neler var?
초르바라르단 네레르 와르

**Garson** *İşkembe*, *mercimek* ve *yayla* çorbalarımız var efendim.
이쉬켐베, 메르지멕 웨 야일라 초르바므즈 와르 에펜딤

**Müşteri** Ben bir *mercimek* çorbası alayım.
벤 비르 메르지멕 초르바스 알라이음

**Garson** Çorbadan sonra ne alırsınız?
초르바단 손라 네 알으르스느즈

**Müşteri** *Izgara* etlerden neler var?
으즈가라 에트레르덴 네레르 와르

**Garson** *Izgara köfte*, *İnegöl köfte*, *dana biftek*, *kuzu çöp şiş* ve *tavuk şiş* var.
으즈가라 쾨프테, 이네궐 쾨프테, 다나 비프텍, 쿠즈 쳅 쉬시 웨 타욱 쉬시 와르

식당에서

Garson 어서 오세요, 환영합니다.

Müşteri 즐거운 만남입니다! 이 식당에 금연석이 있어요?

Garson 그럼요, 손님! 이쪽으로 오세요!

Müşteri 고마워요!

Garson 무엇을 원하세요 손님!

Müşteri 어떤 수프가 있어요?

Garson 이쉬켐베(곰탕종류), 메르지멕(녹두콩 일종), 야일라 수프가 있어요 손님.

Müşteri 난 메르지멕 수프를 원해요.

Garson 수프 다음에 무엇을 드시겠어요?

Müşteri 으즈가라(석쇠구이) 고기 음식 가운데 무엇이 있어요?

Garson 으즈가라 쾨프테(완자의 일종), 이네괼 쾨프테, 다나 비프텍(송아지 고기 스테이크), 쿠주 최프 시쉬(양고기 꼬치구이), 타욱 시쉬(닭고기 꼬치구이)가 있어요.

| | |
|---|---|
| **Müşteri** | Peki, siz ne tavsiye edersiniz?<br>페키, 시즈 네 타브시예 에데르시니즈 |
| **Garson** | *Izgara köftemiz* çok ünlü. Yağsız ve bol baharatlı.<br>으즈가라 쾨프테미즈 촉 윈뤼. 아으스즈 웨 볼 바하라트르 |
| **Müşteri** | Tamam, bir porsiyon da *ızgara köfte* ve yanında<br>타맘, 비르 포르시욘 다 으즈가라 쾨프테 웨 야는다<br>*karışık salata*, lütfen!<br>카르쉭 살라타 뤼트펜 |
| **Garson** | *Karışık salatamız* maalesef yok. *Salata yerine turşu*<br>카르쉭 살라타므즈 마알레세프 욕. 살라타 예리네 투르쉬<br>ister misiniz?<br>이시테르 미시니즈 |
| **Müşteri** | Hayır, *turşu* sevmem, ama *cacık* alabilirim.<br>하이으르, 투르쉬 세브멤, 아마 자즉 알라빌리림 |
| **Garson** | Tabi efendim, içecek ne alırsınız?<br>타비 에펜딤, 이체젝 네 알르르스느즈 |
| **Müşteri** | Bir bardak taze *portakal suyu*, lütfen!<br>비르 바르닥 타제 포르타칼 수유 뤼트펜! |
| **Garson** | Hemen efendim. Başka arzunuz var mı?<br>헤멘 에펜딤. 바쉬카 아르주누즈 와르 므 |
| **Müşteri** | A! Bir de çorba için limon rica ediyorum.<br>아! 비르 데 초르바 이친 리몬 리자 에디요름 |
| **Garson** | Tabi efendim! Afiyet olsun!<br>타비 에펜딤! 아피예트 올순! |

**Müşteri** 좋아요, 당신은 무엇을 추천하십니까?

**Garson** 으즈가라 쾨프테가 매우 유명합니다. 기름도 없고 많은 향신료를 사용했어요.

**Müşteri** 좋아요, 으즈가라 쾨프테 일인분과 곁에다(함께) 모듬 샐러드 주세요.

**Garson** 모듬 샐러드가 유감스럽게도 없어요, 샐러드 대신에 짠지를 원하세요?

**Müşteri** 아니요, 짠지 좋아하지 않아요, 그러나 자즉(요구르트를 희석시켜 오이를 섞은 음식) 주세요.

**Garson** 물론이지요 선생님, 마실 것은 무엇을 하시겠어요?

**Müşteri** 신선한 오렌지 주스 한 컵 주세요.

**Garson** 즉시 드리지요 선생님. 다른 요구사항이 있으세요?

**Müşteri** 아! 수프에 필요한 레몬을 부탁해요.

**Garson** 물론이지요! 맛있게 드세요.

(야일라 수프 재료: 요구르트, 쌀, 밀가루, 계란, 소금, 마가린, 박하)

**Erhan** Fatma, biliyor musun? Ben her cumartesi bu kafeye
파트마 빌리요르 무순? 벤 헤르 주마르테시 부 카페예

gelirim.
겔리림

**Fatma** Öyle mi? Peki, kiminle gelirsin?
외일레 미? 페키 키민레 겔리르신?

**Erhan** Şey! Yalnız gelirim. Bir Türk kahvesi içerim, gazete
쉐이 얄느즈 겔리림. 비르 튀르크 카흐웨시 이체림, 가제테

okurum, sonra da eve dönerim.
오쿠룸, 손라 다 에웨 되네림.

**Fatma** Hımm! Güzel bir kafe.
흠! 귀젤 비르 카페.

Ben de Türk kahvesini tercih ederim, genelde
벤 데 튀르크 카흐웨시니 테르지흐 에데림, 게넬데

sabahları bir fincan içerim.
사바흐라르 비르 핀잔 이체림

Kahveden sonra hemen bir bardak su alırım.
카흐웨덴 손라 헤멘 비르 바르닥 수 알르름

**Erhan** O zaman, şimdi birer fincan Türk kahvesi içelim!
오 자만, 쉼디 비레르 핀잔 튀르크 카흐웨시 이첼림!

Ne dersin?
네 데르신?

**Fatma** Çok iyi olur.
촉 이이 올루르

**Erhan** Garson Bey, bakar mısınız!.. Bize iki fincan Türk
가르손 베이, 바카르 므스느즈! 비제 이키 핀잔 튀르크

kahvesi, iki bardak da su, lütfen!
카흐웨시, 이키 바르닥 다 수, 뤼트펜

카페에서

Erhan 파트마, 너 아니? 난 매주 토요일 이 카페에 와.

Fatma 그래? 좋지, 누구와 오니?

Erhan 음~(저~)...! 혼자 와. 터키 커피를 마시고, 신문을 읽고, 그리고 나서 집에 돌아가.

Fatma 음! 좋은 카페군.
나도 터키 커피를 선호해, 일반적으로 아침에 한 잔 마시지.
커피 다음에 바로 물 한 잔을 마시지.

Erhan 그러면, 지금 터키 커피를 한 잔씩 마시자! 어때?

Fatma 아주 좋지

Erhan 종업원, 여기 좀 보세요! 우리에게 터키 커피 두 잔하고, 물도 두 잔 주세요, 미안하지만요!

# PASTANEDE

**Anne** Bakar mısınız!
바카르 므스느즈!

**Garson** Buyurun efendim!
부유룬 에펜딤

**Anne** Bize iki poğaça, iki de *limonata*, lütfen!
비제 이키 포으아차, 이키 데 리모나타, 뤼트펜

**Garson** *Poğaçalarınız kıymalı* mı, *peynirli* mi olsun?
포으아차라르느즈 크이말르 므, 페이니르리 미 올순

**Anne** Benimki *kıymalı* olsun. Oğlum seninki neyli olsun?
베님키 크이말르 올순. 오울룸 세닌키 네이리 올순?

Sen de *kıymalı* ister misin?
센 데 크이말르 이스테르 미신?

**Çocuk** Hayır, anne. Biliyorsun, ben et sevmem.
하이으르, 안네. 빌리요르순, 벤 에트 세브멤.

Benimki *peynirli* olsun.
베님키 페이니르리 올순.

**Anne** Tamam o zaman, oğluma da bir *peynirli poğaça*, lütfen!
타맘 오 자만, 오울루마 다 비르 페이니르리 포으아차, 뤼트펜!

**Garson** Derhal getiriyorum, efendim... Buyurun! Afiyet olsun!
데르할 게티리요룸, 에펜딤... 부유룬! 아피예트 올순!

**Çocuk** Anne, ben *poğaçamı* bitirdim.
안네, 벤 포으아차므 비티르딤.

Bir de *çikolatalı yaş pasta* istiyorum.
비르 데 치콜라타르 야쉬 파스타 이스티요룸

ÜNİTE IV

제과점에서

Anne 여기 좀 보세요.(여보세요)!

Garson 말씀하세요, 손님!

Anne 우리에게 포아차(치즈와 갈은 고기가 섞인 빵) 두 개와 레모네이드 두 잔 주세요.

Garson 당신들의 포아차에 갈은 고기가 들어간 것이요, 혹은 치즈가 들어간 것이요?

Anne 내게는 갈은 고기 포아차. 얘야(아들아) 네 것은 어떤 것이면 되겠니? 너도 갈은 고기 포아차를 원하니?

Çocuk 아니요, 엄마. 아시다시피 난 고기를 싫어해요. 내것은 치즈 포아차로 주세요.

Anne 좋아 그러면, 내 아들에게는 치즈 포아차를 주세요, 미안하지만!

Garson 즉시 가져오겠어요, 손님. 여기요! 맛있게 드세요.

Çocuk 엄마, 난 포아차를 다 먹었어요. 그리고 쵸콜릿 케이크를 원해요.

**Anne** Peki, oğlum. *Tatlıyı* ben de çok severim.
페키 오울룸. 타틀르이으 벤 데 촉 세베림.

Garson Bey, iki dilim de *yaş pasta* istiyoruz.
가르손 베이, 이키 딜림 데 야쉬 파스타 이스티요루즈

Benimki *meyveli*, oğlumunki *çikolatalı* olsun.
베님키 메이웰리, 오울룸키 치콜라탈르 올순

**Garson** Hemen efendim.
헤멘 에펜딤.

**Çocuk** Yaşasın!
야샤슨!

**Anne** 좋아, 얘야. 달콤한 디저트 음식은 나도 좋아해. 종업원, 케이크 두 조각 주세요.
내 것은 과일 케이크, 아들은 쵸콜릿 케이크로.

**Garson** 즉시 드리지요, 손님.

**Çocuk** 최고예요(만세).

# I. Kelime Bilgisi

| | | | |
|---|---|---|---|
| afiyet olsun! | 맛있게 드세요.<br>(건강을 빕니다) | çorba | 수프 |
| arzu | 바람, 희망 | çöp şiş | 잘게 썬 꼬치구이 |
| arzu etmek | 희망하다 | dana | 송아지 |
| baharat | 향신료 | derhal! | 즉시 |
| baharatlı | 향신료가 가미된 | dilim | 조각 |
| bakmak | 보다 | fincan | 찻잔 |
| bardak | 잔, 컵 | gazete | 신문 |
| biftek | 피프 스테이크 | ızgara | 석쇠 |
| birer | 고추 | içecek | 음료 |
| bitirmek | 마치다, 끝내다 | içmek | 마시다 |
| bol | 많은, 충분한 | işkembe | 곰탕 종류의 수프 |
| bölüm | 부분, 과, 구분 | kafe | 카페 |
| böyle | 이처럼 | kahve | 커피 |
| buyurun! | 들어오세요,<br>말씀하세요,<br>여기있어요. | karışık | 모듬, 섞인 것 |
| cacık | 자즉(요구르트를<br>희석시켜 오이를<br>섞은 음식) | kıyma | 잘게 간 고기나<br>음식 |
| cumartesi | 토요일 | kıymalı | 잘게 간 |
| çikolata | 쵸콜릿 | kimle? | 누구와? |
| çikolatalı | 쵸콜릿이 든 | köfte | 비프 스테이크 |

ÜNİTE IV

| | | | |
|---|---|---|---|
| kuzu | 새끼 양 | sigarasız | 담배가 없는, 금연의 |
| limon | 레몬 | sonra | 나중에, 후에 |
| lokanta | 음식점 | su | 물 |
| mercimek | 메르지멕(녹두나 렌즈콩) | şey! | 저, 에. |
| meyveli | 과일의 | tatlı | 단 음식, 단 디저트 음식 |
| neyli? | 어떤 것의 | tavsiye etmek | 추천하다 |
| o zaman | 그 시간, 그러면 | taze | 신선한, 싱싱한 |
| oğul | 아들 | turşu | 짠지 |
| okumak | 읽다 | ünlü | 유명한, 이름난 |
| peynir | 치즈 | yağ | 기름 |
| peynirli | 치즈가 든, 치즈로 만든 | yağsız | 기름이 없는 |
| poğaça | 포아차(치즈 또는 갈은 고기가 섞인 빵) | yalnız | 홀로, 단독으로 |
| portakal | 오렌지 | yaş pasta | 케이크(신선한) |
| rica etmek | 부탁하다 | yaşasın! | 만세, 좋다! |
| salata | 샐러드 | yayla | 고원 |
| sigara | 담배 | | |

ÜNİTE IV

## Yemek Seçiminde Kullanılan İfadeler
음식선택 시 사용되는 표현

**GARSON – MÜŞTERİ**

종업원 - 손님

| | | |
|---|---|---|
| A | Buyurun efendim, hoş geldiniz! | 어서 오세요, 환영합니다! |
| B | Hoş bulduk! | 즐거운 만남입니다! |
| A | Hoş geldiniz efendim! | 환영합니다, 손님! |
| B | Hoş bulduk! | 즐거운 만남입니다! |
| A | Siparişlerinizi alabilir miyim? | 당신의 주문을 받을까요? |
| B | Ben bir porsiyon baklava alayım. | 나는 바크라와(단 파이) 먹겠어요.<br>(porsiyon: 한끼 분, 몫) |
| A | Ne alırdınız, efendim? | 무엇을 사시겠어요, 손님? |
| B | Ben bir porsiyon kuzu çöp şiş istiyorum. | 난 쿠주 쵀프 시쉬(양고기 꼬치구이) 일 인분 주세요. |
| A | Mönüye bakmak ister misiniz? | 메뉴를 보기 원하세요? |
| B | Evet, lütfen! | 네, 미안하지만! |

ÜNİTE IV

**MÜŞTERİ - GARSON**

**손님 - 종업원**

| | | |
|---|---|---|
| A | Çorbalardan neler var? | 수프는 어떤 것이 있어요? |
| B | Ezogelin, mercimek ve işkembe var. | 에조겔린(쌀, 밀가루, 녹두가 혼합된 수프), 메르지멕, 이쉬켐베가 있어요. |
| A | Ben bir mercimek çorbası istiyorum. | 난 메르지멕 수프를 원해요. |
| B | Tabi efendim! | 물론이지요, 손님! |
| A | Et yemeklerinden neler var? | 고기 음식으로는 무엇이 있나요? |
| B | Tas kebap ve Çoban kavurma var, efendim. | 타스 케밥과 초반 카우르마가 있어요, 손님. |
| A | Ben bir porsiyon Çoban kavurma alayım. | 난 초반 카우르마 일인분 주세요. |
| B | Hemen, efendim. | 바로 (드리지요), 손님. |
| A | Izgara etlerden neler var? | 으즈가라(석쇠구이) 고기음식으로 무엇이 있어요? |
| B | Izgara köfte, döner kebap, İskender kebap, kuzu pirzola var, efendim. | 으즈가라 쾨프테, 되네르 케밥, 이스켄데르 케밥, 쿠주 피르졸라가 있어요, 손님. *피르졸라(갈비고기) |

ÜNİTE IV

| | | |
|---|---|---|
| A | Bir buçuk porsiyon döner kebap alayım. | 뒨네르 케밥 일인분 반을 주세요. |
| B | Hemen getiriyorum, Beyefendi. | 바로 가져옵니다. 선생님. |
| A | Balık çeşitleriniz neler? | 생선 종류로 무엇이 있어요? |
| B | Hamsi tava, palamut ızgara ve somon fırın. | 함시 튀김, 고등어 구이, 연어 구이. |
| A | Biz birer porsiyon hamsi tava alalım. | 우리에게 함시(큰 멸치) 튀김 일인분 씩. |
| B | Derhal efendim! | 바로, 드리지요. 선생님. |
| A | Salata çeşitleriniz neler? | 샐러드 종류로 무엇이 있어요? |
| B | Çoban salata, karışık salata ve cacık. | 초반(목동) 샐러드, 모듬 샐러드와 자즉이 있어요. |
| A | Birer cacık alalım, lütfen. | 자즉 하나씩 삽시다. |
| B | Derhal efendim! | 즉시(드리지요) 선생님. |
| A | İçecek olarak neler var? | 음료수로서 무엇이 있어요? |
| B | Kola, ayran ve meyve suyu var, efendim. | 콜라, 아이란, 과일 주스가 있어요, 손님. |

* 아이란(요구르트를 물로 희석시킨 음료)

| | | |
|---|---|---|
| A | İçkilerden neler var? | 술 종류는 무엇이 있어요? |
| B | Bira, şarap ve votka var, efendim. | 맥주, 포도주, 보드카가 있어요. |

ÜNİTE IV

| | | |
|---|---|---|
| A | Bana bir bardak buzlu ayran, lütfen. | 내게 얼음 섞인 아이란 한 잔 주세요. |
| B | Tamam, efendim. | 좋아요, 손님. |
| A | Tatlılardan neler var? | 단 음식(디저트 음식)으로 무엇이 있어요? |
| B | Baklava, künefe, kadayıf var, efendim. | 바크라와, 퀴네페, 카다이으프가 있어요. |
| A | Bir porsiyon baklava alabilir miyim? | 바크라바 일 인분 주겠어요? |
| B | Tabi efendim! | 물론이지요, 손님. |
| A | İskender'in yanında yoğurt olmasın, lütfen. | 이스켄데르 곁에 요구르트 놓지 마세요. |
| B | Peki efendim! | 알았어요, 손님. |
| A | Lahmacun acısız olsun, lütfen! | 라흐마준을 맵지 않게 하세요. |
| B | Nasıl isterseniz, efendim. | 원하시는 대로 하겠어요, 손님. |
| A | Salatada soğan olmasın lütfen. | 샐러드에 양파 넣지 마세요. |
| B | Hay hay efendim! | 네, 손님! |
| A | Bol acılı bir Adana kebap alayım. | 아주 매운 아다나 케밥 먹겠어요. |
| B | Bol acılı Adananız hemen geliyor, Beyefendi. | 아주 매운 아다나 케밥 즉시 나옵니다, 선생님. |

Çoban Kavurma
(주요 재료: 양고기, 양파, 파 등)

baklava

künefe

lahmacun

## Yemek Sırasında Kullanılan İfadeler
식사 중에 사용되는 표현

**GARSON – MÜŞTERİ**

**종업원 - 손님**

| | | |
|---|---|---|
| A | Bir isteğiniz var mı, efendim? | 당신의 원하시는 것이 있으세요, 손님? |
| B | Teşekkürler! Şimdilik yok. | 고마워요! 지금은 없어요. |
| A | Limon ister misiniz, efendim? | 레몬 원하세요, 손님? |
| B | Bir dilim alayım. | 한 조각 주세요. |
| A | Tatlı da alır mısınız efendim? | 단 디저트 원하세요, 손님? |
| B | Hayır, teşekkür ederim. | 아니요, 고마워요. |
| A | Kolanıza buz ister misiniz? | 콜라에 얼음을 원하세요? |
| B | Evet, lütfen! | 네, 미안하지만! |
| A | Yanında pilav ister misiniz, efendim? | 또한 밥을 원하세요? |
| B | Evet, bir de pilav alayım. | 네, 밥을 먹겠어요. |
| A | Salatanızda soğan olsun mu, efendim? | 당신의 샐러드에 양파 넣어도 될까요? |
| B | Hayır. Soğan olmasın, lütfen! | 아니요, 양파 넣지 마세요, 미안하지만! |

ÜNİTE IV

**MÜŞTERİ – GARSON**

손님 - 종업원

| | | |
|---|---|---|
| A | Bize ne önerirsiniz? | 우리에게 무엇을 권하시겠어요? |
| B | Hamsilerimiz çok taze. Size hamsi öneririm. | 함시(큰 멸치) 아주 싱싱합니다. 함시를 권하겠어요. |
| A | Biraz ekmek getirebilir misiniz? | 빵을 조금 주시겠어요? |
| B | Hemen efendim! | 즉시 드리지요. |
| A | Bir dilim limon alabilir miyim? | 레몬 한 조각 얻을 수 있을까요? |
| B | Tabi efendim! | 물론이지요, 손님! |
| | | (dilim: 조각) |
| A | Bir bardak daha ayran alabilir miyim? | 아이란 한 잔 더 받을 수 있겠어요? |
| B | Derhal efendim! | 즉시(드리지요), 손님! |
| A | Bir çorba daha alabilir miyim? | 수프 내가 더 받을 수 있겠어요? |
| B | Tamam efendim! | 알았어요, 손님! |
| A | Bir şişe soğuk su alayım, lütfen! | 찬물 한 병 주세요. 미안하지만! |
| B | Hemen getiriyorum, efendim. | 즉시 가져오겠어요, 손님. |

ÜNİTE IV

## Yemek Sonrası Kullanılan İfadeler
식사 후에 사용되는 표현

**GARSON - MÜŞTERİ**

**종업원 - 손님**

| | | |
|---|---|---|
| A | Başka bir isteğiniz var mı efendim? | 당신의 다른 요구가 있으세요, 손님? |
| B | Hayır, yok. Teşekkür ederim! | 아니요, 없어요. 고마워요! |
| A | Bir(er) çay alır mısınız, efendim? | 차 한 잔씩 원하세요? |
| B | Evet, iyi olur. | 네, 좋지요. |
| A | Bir(er) çay daha alır mısınız, efendim? | 차 한 잔씩 더 원하세요, 손님? |
| B | Hayır. Teşekkürler! | 아니요. 고마워요! |
| A | Birer Türk kahvesi alır mısınız? | 터키 커피 한 잔씩 원하세요? |
| B | Evet, çok seviniriz. | 네, 아주 좋지요. |

## MÜŞTERİ - GARSON

손님 - 종업원

| | | |
|---|---|---|
| A | Garson Bey, hesap lütfen. | 여보세요(종업원), 계산서요. |
| B | Hemen efendim! | 즉시(드리겠어요), 손님! |
| A | Garson Bey, hesabı alabilir miyiz? | 여보세요, 계산서를 받을 수 있을까요? |
| B | Tabi! Hesabı ayrı ayrı mı istersiniz? | 물론이지요! 계산을 각각 하시겠어요? |
| A | Hesabı ayrı ayrı getirin, lütfen. | 계산서를 각각 가져오세요, 미안하지만. |
| B | Oldu efendim! | 알았어요, 손님! |
| A | Hesap birlikte olsun, lütfen. | 계산을 함께 하세요. |
| B | Nasıl isterseniz, efendim. | 원하시는대로, 손님. |
| A | Kredi kartı geçerli mi, acaba? | 신용카드 사용할 수 있어요, 혹시? |
| B | Tabi efendim! | 물론이지요! |
| A | Paranın üstü kalsın. | 거스름 돈 놓아둡니다(가지세요). |
| B | Sağ olun efendim! | 감사합니다, 손님! |
| A | Elinize sağlık! | 당신의 손에 건강이!(솜씨가 좋으시군요) |
| B | Afiyet olsun efendim! | 맛있게 드세요!(건강해 지세요) |
| A | Hayırlı işler! | 행운을 빕니다! |
| B | Sağ olun efendim! Yine bekleriz. | 고마워요 손님! 또 기다리겠어요. |

## 1 Geniş Zaman: -r, -Ar, -Ir: 초월시제

**반복되는 동작이나 행위, 습관 등을 설명할 때 사용된다.**

**a) Olumlu (+): 긍정**

| | | | |
|---|---|---|---|
| (Ben) | *fiil* + **-(I/A)rIm** | → | (Ben) *gel***irim** |
| (Sen) | *fiil* + **-(I/A)rsIn** | → | (Sen) *dön***ersin** |
| (O) | *fiil* + **-(I/A)r** | → | (O) *otur***ur** |
| (Biz) | *fiil* + **-(I/A)rIz** | → | (Biz) *öğren***iriz** |
| (Siz) | *fiil* + **-(I/A)rsInIz** | → | (Siz) *yap***arsınız** |
| (Onlar) | *fiil* + **-(I/A)rlar** | → | (Onlar) *çalış***ırlar** |

Fiil ünlü harfle biterse: **-r** + **kişi eki**

Fiil ünsüz harfle biterse: **-Ar** + **kişi eki** gelir.

İki veya daha fazla heceli fiil, ünsüz harfle biterse **-İr** + **kişi eki** gelir.

Ancak, *almak, bilmek, bulmak, gelmek, görmek, kalmak, olmak, ölmek, varmak, vermek, vurmak, sanmak* filleri istisnai olarak (-**Ar** + **kişi eki** değil) **–Ir** + **kişi eki** alır.

(*almak, bilmek, bulmak, gelmek, görmek, kalmak, olmak, ölmek, varmak, vermek, vurmak, sanmak*)와 같은 동사의

초월시제 어미는 모음조화에 따라 **–ır**, **-ir**, **-ur**, **-ür** 등이 온다.

**Örnek:**

Ben **al***ır*m

Sen **bil***ir*sin

O **bul***ur*

Biz **kal***ır*ız

Siz **ol***ur*sunuz

Onlar **ver***ir*ler

**b) Olumsuz (—): 부정**

| | | | |
|---|---|---|---|
| (Ben) | *fiil* + **-mAm** | → | (Ben) *gel***mem** |
| (Sen) | *fiil* + **-mAzsİn** | → | (Sen) *dön***mezsin** |
| (O) | *fiil* + **-mAz** | → | (O) *otur***maz** |
| (Biz) | *fiil* + **-mAyİz** | → | (Biz) *öğren***meyiz** |
| (Siz) | *fiil* + **-mAzsİnİz** | → | (Siz) *yap***mazsınız** |
| (Onlar) | *fiil* + **-mAzlar** | → | (Onlar) *çalış***mazlar** |

**c) Olumlu Soru (+?): 긍정의문**

| | | | |
|---|---|---|---|
| (Ben) | *fiil* + **-(I/A)r mİyİm?** | → | (Ben) *gel***ir miyim**? |
| (Sen) | *fiil* + **-(I/A)r mİsİn?** | → | (Sen) *dön***er misin**? |
| (O) | *fiil* + **-(I/A)r mİ?** | → | (O) *otur***ur mu**? |
| (Biz) | *fiil* + **-(I/A)r mİyİz?** | → | (Biz) *öğren***ir miyiz**? |
| (Siz) | *fiil* + **-(I/A)r mİsİnİz?** | → | (Siz) *yap***ar mısınız**? |
| (Onlar) | *fiil* + **-(I/A)rlar mİ?** | → | (Onlar) *çalış***ırlar mı**? |

## 2 Yeterlik Eylemi: -Abilmek: 가능형어미

Genellikle geniş zamanla kullanılır.

**a) Olumlu (+): 긍정**

(Ben) *fiil* + -**Abilirim** → (Ben) *gel***ebilirim**

(Sen) *fiil* + -**Abilirsin** → (Sen) *dön***ebilirsin**

(O) *fiil* + -**Abilir** → (O) *otur***abilir**

(Biz) *fiil* + -**Abiliriz** → (Biz) *öğren***ebiliriz**

(Siz) *fiil* + -**Abilirsiniz** → (Siz) *yap***abilirsiniz**

(Onlar) *fiil* + -**Abilirler** → (Onlar) *çalış***abilirler**

**b) Olumsuz (—): 부정**

(Ben) *fiil* + -**AmAm** → (Ben) *gel***emem**

(Sen) *fiil* + -**AmAzsİn** → (Sen) *dön***emezsin**

(O) *fiil* + -**AmAz** → (O) *otur***amaz**

(Biz) *fiil* + -**AmAyİz** → (Biz) *öğren***emeyiz**

(Siz) *fiil* + -**AmAzsİnİz** → (Siz) *yap***amazsınız**

(Onlar) *fiil* + -**AmAzlAr** → (Onlar) *çalış***amazlar**

**c) Olumlu Soru (+?): 긍정의문**

(Ben) *fiil* + -**Abilir miyim?** → (Ben) *gel***ebilir miyim**?

(Sen) *fiil* + -**Abilir misin?** → (Sen) *dön***ebilir misin**?

(O) *fiil* + -**Abilir mi?** → (O) *otur***abilir mi**?

(Biz) *fiil* + -**Abilir miyiz?** → (Biz) *öğren***ebilir miyiz**?

(Siz) *fiil* + **-Abilir misiniz?** → (Siz) *yap*abilir misiniz?
(Onlar) *fiil* + **-Abilirler mi?** → (Onlar) *çalış*abilirler mi?

## ③ ve Bağlacı: ve(그리고) 접속사

Özne, nesne, tümleç, fiil ve cümlelerin arasındaki birlik ve beraberliği belirtir.

Ahmet, yeni bir araba **ve** ev aldı.
Ben, sen **ve** o, üçümüz de Koreliyiz.
Sevgili öğretmenler **ve** öğrenciler, hoş geldiniz!
Bu lokantada döner kebap, salata **ve** ayran çok lezzetli.
Kahvaltıda zeytin, peynir **ve** reçel yerim.
Hafta sonları spor yaparım **ve** arkadaşlarımla görüşürüm.

## ④ *ile / -(y)lA* Bağlacı: ile(~와)

1. Beraber yapılan bir işte, bu görevi paylaşan iki kelimeyi bağlar.
   Kim **ile** Lee her yaz birlikte Türkiye'ye giderler.
   Fatma **ile** Erhan evliler.

2. Beraber yapılan işte iki kelime yan yana kullanılmadıkları zaman ile bağlacı –(y)lA biçiminde yazılır.
   Bayram, Kore'ye Funda'**yla** gitti.

Zeynep, bugün Kuzey'le oynamak istemiyor.

Ben de sizinle gelebilir miyim?

(Siz) Benimle sinemaya gelir misin?

Çayla birlikte sigara içmek çok zararlı.

3. Herhangi bir işin, bir araçla gerçekleştiğini gösterir.

İzmir'e otobüsle gidebilir miyiz?

Okula metroyla gitmek daha kolay.

Eve neden taksiyle döndü?

Bu çikolatayla kek yapabilirim.

| | | |
|---|---|---|
| **ben** | → | **benimle** |
| **sen** | → | **seninle** |
| **o** | → | **onunla** |
| **biz** | → | **bizimle** |
| **siz** | → | **sizinle** |
| onlar | → | onlarla |

## 5 – *li (-lı, -li, -lu, -lü)* Eki

**형용사형 어미, 성격이나 모양, 특성을 나타낸다.**

baharat**lı** çorba: 향신료가 가미된 스프

Amerika**lı** doktor: 미국인 의사

Koreli öğrenciler: 한국인 학생
neşeli çocuklar: 즐거운 어린이들
yoğurtlu İskender: 요구르트가 가미된 이스켄데르(케밥)
sulu elma: 물이 많은 사과
sütlü kahve: 우유가 들어간 커피
kültürlü adam: 교양있는 사람

## 6 – sİz (-sız, -siz, -suz, -süz) Eki

**부정을 나타내는 형용사형 어미**

yağsız et: 기름없는 고기
sigarasız bölüm: 금연 구역
şekersiz çay: 설탕이 없는 커피
etsiz yemek: 고기없는 음식
tuzsuz ayran: 소금기 없는 아이란
bulutsuz hava: 구름이 없는 날씨
gözlüksüz kadın: 안경을 쓰지 않은 여성
sütsüz kahve: 우유가 들어가지 않은 커피

## 7 -ki eki: 소유형 어미(~ 것)

**TEKİL**

benim **kalem**im → benim**ki**
senin **kalem**in → senin**ki**

| | | |
|---|---|---|
| onun **kalem**i | → | onun**ki** |
| bizim **kalem**imiz | → | bizim**ki** |
| sizin **kalem**iniz | → | sizin**ki** |
| onların **kalem**i | → | onların**ki** |

**ÇOĞUL**

| | | |
|---|---|---|
| benim **kalemler**im | → | benim**kiler** |
| senin **kalemler**in | → | senin**kiler** |
| onun **kalemler**i | → | onun**kiler** |
| bizim **kalemler**imiz | → | bizim**kiler** |
| sizin **kalemler**iniz | → | sizin**kiler** |
| onların **kalemler**i | → | onların**kiler** |

## IV. Alıştırmalar

**01** Aşağıdaki cümlelerde boşlukları **geniş zaman** ekleriyle doldurunuz.

1) ( + ) (Ben) Her sabah saat yedide kahvaltı yap___ .
2) ( + ) (Sen) Bugün benimle okula gel__ misin?
3) ( + ) (O) Yağlı ve baharatlı yemekleri sev___ .
4) ( + ) (Biz) Türk kahvesini tercih et___ .
5) ( + ) (Siz) Yemekten sonra çay iç___ .
6) ( + ) (Onlar) Cumartesi ve Pazar günleri dershaneye git___ .
7) (—) Müşteriler sigaralı bölümde yemek yemek iste___ .
8) (—) Annem yemekle birlikte içecek al___ .
9) (—) Bu adam yaramaz çocukları hiç sev___ .
10) (—) Onlar okula gitmek için taksiye bin___ .
11) (—) Ben bu lokantada asla etli yemek ye___ .
12) (—) Biz sizinle eve dön___ .

**02** Aşağıdaki cümlelerde boşlukları **yeterlik eylemi (geniş zaman eklerini de kullanarak)** ekleriyle doldurunuz.

1) (+?) (Ben) Affedersiniz, buraya otur____ __ ?
2) ( + ) (Sen) Bana kalemini ver____ __ ?

3) ( + ) (O) Bu gece bu kitabı bitir______ .
4) (+?) (Biz) Sizinle bu kafede birer Türk kahvesi iç____ __?
5) ( + ) (Siz) Korece konuş______ .
6) ( + ) (Onlar) Korece'yi bir yılda öğren_______ .
7) ( + ) Bu öğrenciler Türklerle Türkçe konuş______ .
8) ( + ) Neşe bu akşam eve geç dön______ .
9) ( + ) Koreliler Türk yemeklerini ye______ .
10) ( + ) Ben bugün iki porsiyon tatlı al______ .
11) ( + ) Bu markette tavuk pahalı ol______ .
12) (+?) Alo! Ben Bayram. Mehmet Beyle anlaş______ ____ ?

**03** Aşağıdaki cümlelerde boşlukları **ile**, **-(y)lA**, **ve** bağlaçlarıyla doldurunuz.

1) Çocuklar, anne ___ babaları___ birlikte yemek yemek isterler.
2) Zeynep arkadaşlarını ___ kardeşini çok sever.
3) Ayşe ___ Ali geçen yıl burada evlendiler. Şimdi bir çocukları var.
4) Ben de siz___ tiyatroya gidebilir miyim?
5) Lee, Kim'___ nerede tanıştı?
6) Okuldan sonra sinemaya gittim ___ güzel bir film izledim.
7) Tolga ___ Müge, birlikte kahvaltı ettiler ___ evden birlikte çıktılar.

8) Kahvaltıda zeytin ___ peynir yerim.
9) Anneme, kardeşime ___ ablama mektup yazdım.
10) Kore'den uçak___ mı, gemi___ mi dönelim?
11) Bugün okula bisiklet___ gitme, hava çok soğuk.
12) Biz taksi___ döneceğiz, biz___ gelmek ister misin?

**04** Aşağıdaki cümlelerde boşlukları **-li** ve **–siz** ekleri ile doldurunuz.

1) Çin___ turistler İstanbul'u çok sevdiler.
2) C vitamini almak için salatayı limon___ yiyebilirsin.
3) Türkler genellikle şeker___ çay içerler.
4) Koreliler baharat___ yemekleri tercih ediyorlar.
5) Çocuklar! Lütfen, sigara___ bölümde oturun!
6) Her sabah peynir___ ve zeytin___ poğaça alırım.
7) Ahmet Ankara___, arkadaşı ise İstanbul___ .
8) İzmir___ kızlar çok güzel olurlar.
9) Lütfen, etler yağ___ olsun! Çünkü çok kilo alıyorum.
10) Süt___ kahveyi tercih ederim, çünkü sütü sevmem.
11) Garson! Bir elma___ yaş pasta alabilir miyim?
12) Çocuklar çikolata__ dondurmayı çok severler.

## Hakan Bey ile Jale Hanım

Kızılay'da birçok güzel lokanta var. Hakan Bey ile Jale Hanım oradaki lokantalara sık sık giderler ve lezzetli yemekler yerler. Hakan Bey ile eşi Jale Hanım dün akşam yine Kızılay'da güzel bir lokantaya gittiler. Oraya arabayla gitmek istediler, ama trafik çok kalabalıktı ve lokantanın parkyeri yoktu. Bu yüzden, metroya bindiler. Lokantaya girdiler ve iki kişilik bir masaya oturdular. Masada çok güzel çiçekler ve mumlar vardı. Garson geldi. Hakan Bey, çorba, pilav, döner ve salata istedi. Jale Hanım ise sebzeli yemekleri tercih etti, çünkü rejim yapıyor. Garson, siparişleri yirmi dakika sonra getirdi ve onlara "Afiyet olsun!" dedi. Hakan Bey garsondan içecek de istedi. Kendisi için bir bardak kola, Jale Hanım için ise bir bardak ayran sipariş etti.

Yemekte, Hakan Bey ile Jale Hanım uzun uzun sohbet ettiler ve bol bol gülüştüler. Yemekler gerçekten çok lezzetliydi. Hakan Bey bir porsiyon daha döner almak istedi, ama Jale Hanım ona "Fazla yemek yiyorsun. Üstelik çok kilolusun. Sağlığına hiç dikkat etmiyorsun. Lütfen ikinci döneri isteme!" dedi. Böylece, Hakan Bey ikinci döneri yemekten vazgeçti. Yemekten sonra birer Türk kahvesi içtiler. Hakan Bey, eşi Jale Hanıma "Hafif bir tatlı yesem, olur mu?" diye sordu, ama Jale Hanım izin vermedi. Jale Hanım ona "Olmaz! Şişman koca istemiyorum." dedi ve gülüştüler. Lokantadan geç saatte çıktılar ve evlerine taksiyle döndüler.

| | |
|---|---|
| güzel lokanta | 좋은 식당 |
| sık sık | 자주 |
| lezzetli yemekler yerler | 맛있는 음식을 먹는다(그들은) |
| kalabalık | 복잡한, 혼잡한 |
| parkyeri | 주차장 |
| iki kişilik bir masa | 2인용 식탁, 책상 |
| mum | 초 |
| çorba | 수프 |
| pilav | 밥 |
| döner | 되네르(케밥) |
| salata | 샐러드 |
| sebzeli yemek | 채식, 채소 음식 |
| tercih | 선호하다 |
| rejim yapıyor | 다이어트하다 |
| sipariş | 주문 |
| Afiyet olsun! | 맛있게 드세요 |
| garsondan | 종업원으로부터 |
| içecek | 음료수 |
| bir fincan | 한잔 |
| ayran | 아이란(요구르트에 물을 타서 희석시킨 음료) |
| sohbet etmek | 담소하다 |
| bol bol gülüştüler | 많이 웃었다 |
| bir porsiyon | 1 인분, 정해진 분량 |
| fazla | 지나치게 |
| yemek yiyorsun | 음식을 먹는다(너는) |
| üstelik | 게다가 |
| çok kilolusun | 몹시 무게가 많이 나가다(너는) |

| | |
|---|---|
| sağlığına | 건강에(네) |
| hiç dikkat etmiyorsun | 전혀 관심을 기울이지 않는다 |
| yemekten vazgeçti | 먹는 것을 포기하다(그는) |
| yemekten sonra | 식사 후 |
| Türk kahvesi içtiler | 그들은 터키 커피를 마셨다 |
| hafif | 가벼운, 부담없는 |
| bir tatlı yesem | 단 것(디저트)을 먹는다면(가정법) |
| olur mu? | 가능하니? |
| izin vermedi | 허락하지 않다 |
| olmaz! | 안돼! |
| şişman koca | 뚱뚱한 |
| istemiyorum | 나는 원하지 않는다 |
| geç saatte | 늦은 시간에 |
| evlerine | 그들의(자기들의) 집으로 |
| taksiyle döndüler | 택시를 타고(택시로) 돌아갔습니다. |

ÜNİTE V

# TATİL–OTEL

# TATİL PLANI

| | |
|---|---|
| Ayhan | Bu yıl tatile çıkacak mısın? |
| Ayşe | Evet, bu yaz güzel bir tatil yapacağım. |
| Ayhan | Öyle mi? Nereye gideceksin? |
| Ayşe | "Nereye gideceksin?" değil, "Nereye gideceksiniz?" Maalesef, İzmir'e yine ailece gideceğiz. |
| Ayhan | Tatilde neler yapacaksın? |
| Ayşe | Öncelikle, bol bol dinleneceğim. Denize gireceğim, yüzeceğim, güneşleneceğim ve bronzlaşacağım. Peki, sen neler yapacaksın? |
| Ayhan | Ben maalesef tatile gitmeyeceğim. Bütün yaz çalışacağım. |
| Ayşe | Çalışacak mısın? Peki, ne iş yapacaksın? |
| Ayhan | Arkadaşımla birlikte bir barda garsonluk yapacağız. Sanırım, sadece akşamları dinlenebileceğiz. |
| Ayşe | Bu durumda, ben senden daha şanslıyım. Üstelik tatile karavanla gideceğiz. Sık sık mola vereceğiz ve pek çok yer göreceğiz. |
| Ayhan | Evet, gerçekten çok şanslısın. |

방학 계획

Ayhan 올해 휴가를 떠나니?

Ayşe 응, 올 여름 좋은 휴가를 보낼 거야.

Ayhan 정말이니? 너 어디에 가니?

Ayşe "너 어디에 가니?" 가 아니고, "너희들 어디에 가니?" 야. 안됐지만, 이즈미르에 또 우리 가족과 함께 가.

Ayhan 휴가 때 무엇을 할 거니?

Ayşe 먼저, 충분히 쉴 거야. 바다에 들어가고, 수영을 하고, 일광욕을 하고 선텐을 할 거 야. 음, 넌 뭘 할 거니?

Ayhan 난 안됐지만 휴가를 떠나지 않을 거야. 여름 내내 일을 할 거야.

Ayşe 일을 한다고? 음, 무슨 일을 할 거니?

Ayhan 내 친구와 함께 바에서 웨이터를 할 거야. 내가 생각하건데, 오직 저녁 때 쉴 수 있을 거야.

Ayşe 이 상황에서 나는 너보다 더 운이 좋구나. 게다가, 휴가에 캠핑카와 갈 거야. 자주 쉴 것이고 매우 많은 곳을 볼 거야.

Ayhan 맞아, 정말 넌 매우 운이 좋구나.

# OTEL İÇİN REZERVASYON

| | |
|---|---|
| **Resepsiyonist** | Güneş Oteli, buyurun! |
| **Volkan Bey** | İyi günler! Ben rezervasyon yaptırmak istiyorum. |
| **Resepsiyonist** | İyi günler, Beyefendi! Kiminle görüşüyorum? |
| **Volkan Bey** | Adım Volkan ÖZKAN. |
| **Resepsiyonist** | Buraya hangi tarihte geleceksiniz, Volkan Bey? |
| **Volkan Bey** | 1 Temmuzda. |
| **Resepsiyonist** | Kaç gün kalacaksınız? |
| **Volkan Bey** | 1 hafta kalacağız. |
| **Resepsiyonist** | Kaç kişilik oda istiyorsunuz? |
| **Volkan Bey** | İki kişilik. Eşim ve ben. |
| **Resepsiyonist** | Anladım efendim. Rezervasyonunuzu yapayım mı? |
| **Volkan Bey** | Affedersiniz! Odalarda klima var mı? |
| **Resepsiyonist** | Evet, Volkan Bey.<br>Ayrıca 24 saat sıcak su, televizyon ve buzdolabı var. |
| **Volkan Bey** | Kahvaltı bu fiyata dahil mi? |
| **Resepsiyonist** | Evet, efendim. Kahvaltı fiyata dahil.<br>Ancak, öğle ve akşam yemekleri hariç. |
| **Volkan Bey** | Reklamınızı gazetede okudum. 7 gün-6 gece için, iki kişilik odalar 500 lira. Bu doğru mu? |

# OTEL İÇİN REZERVASYON

해 · 석

| | |
|---|---|
| Resepsiyonist | 귀네쉬 호텔입니다. 말씀하세요! |
| Volkan Bey | 안녕하세요. 저는 예약하고 싶습니다. |
| Resepsiyonist | 안녕하세요, 손님. 성함이 무엇입니까? |
| Volkan Bey | 제 이름은 볼칸 외즈칸입니다. |
| Resepsiyonist | 여기(호텔)에 며칠에 오실 것입니까, 볼칸 씨? |
| Volkan Bey | 7월 1일입니다. |
| Resepsiyonist | 며칠 머무르실 것입니까? |
| Volkan Bey | 일주일 머물 것입니다. |
| Resepsiyonist | 몇 인실 방을 원하십니까? |
| Volkan Bey | 2인실입니다. 내 아내와 저. |
| Resepsiyonist | 알겠습니다. 예약을 해도 되겠습니까? |
| Volkan Bey | 미안하지만, 방에 에어컨이 있습니까? |
| Resepsiyonist | 네, 볼칸 씨. 게다가 24시간 온수, 텔레비전과 냉장고가 있습니다. |
| Volkan Bey | 아침은 이 가격에 포함된 것 입니까? |
| Resepsiyonist | 네 그렇습니다. 아침(식사)이 가격에 포함되어있습니다. 다만, 점심과 저녁은 제외입니다. |
| Volkan Bey | 광고를 신문에서 봤습니다. 6박 7일, 2인실 방에 500리라. 이것이 맞습니까? |

ÜNİTE V

| | |
|---|---|
| Resepsiyonist | Doğru, efendim. Ayrıca, memurlar için %10 indirim yapıyoruz. |
| Volkan Bey | Aa! Öyle mi? Ben memurum. Buna çok sevindim.<br>Şimdi rezervasyonumu yapabilirsiniz. |
| Resepsiyonist | Rezervasyonunuzu yaptım, Volkan Bey.<br>Otelimizden memnun kalacaksınız. |
| Volkan Bey | Umarım. İyi günler! |
| Resepsiyonist | Teşekkürler, efendim. Size de iyi günler! |

호텔예약 (계속)

| | |
|---|---|
| Resepsiyonist | 맞습니다. 게다가 사무원(공무원)을 위해 10퍼센트 할인합니다. |
| Volkan Bey | 아! 정말입니까? 저 사무원입니다. 이것이 매우 좋군요. 지금 예약을 해도 됩니다. |
| Resepsiyonist | 예약을 했습니다, 볼칸 씨. 저희 호텔에서 만족하실 겁니다. |
| Volkan Bey | 기대됩니다. 좋은 하루 되세요. |
| Resepsiyonist | 감사합니다. 손님에게도 좋은 하루 되세요. |

# KARI-KOCA, PLAJDA

**Adam** Bugün plaj kalabalık değil, deniz sıcak. Şansımız varmış!

**Kadın** Evet, ama güneş tam tepede. Şemsiyeyi açar mısın?

**Adam** Tamam, hayatım! Hemen açıyorum... Şurası nasıl?

**Kadın** Orası çok iyi. Güneş kremim nerede? Çantada mı?

**Adam** Evet, evet. Güneş kremi, kitaplar ve içecekler çantada.

**Kadın** Fazla bronzlaşmak istemiyorum. Bugün şurada, gölgede oturacağım.

**Adam** Ben hemen denize gireceğim. Sen de gel!

**Kadın** Hayır. Ben şezlongda biraz kitap okuyacağım.

**Adam** Eee, ne zaman denize gireceksin? Geç kalma!

**Kadın** Tamam, tamam! Sen git, ben de birazdan geliyorum.

- Yarım saat sonra, denizde...

**Adam** Hayatım, buradayım. Buraya gel!

**Kadın** Geliyorum.

**Adam** Bugün denizde dalga yok.

**Kadın** Evet, deniz çok sakin, ama sen yine de çok açılma!

**Adam** Tamam, tamam! Merak etme! Ben buralardayım.

## 남편 - 부인, 해변에서

**Adam** 오늘은 해변이 혼잡하지 않네요, 바다는 덥네요. 우리가 운이 좋네요!

**Kadın** 그래요, 그러나 햇빛이 정확이 꼭대기에 있네요. 파라솔을 펴줄래요?

**Adam** 물론, 부인(내 생명*)! 즉시 펼게요. 저곳 어때요?

**Kadın** 그곳 매우 좋네요. 선크림이 어디 있죠? 가방에 있나요?

**Adam** 응, 맞아. 선크림, 책과 음료수가 가방에 있어요.

**Kadın** 많이 선텐하기를 원하지 않아요. 오늘은 저기 그늘에서 앉아 있을래요.

**Adam** 나는 즉시 바다에 들어갈래요. 당신도 와요!

**Kadın** 아니요. 전 긴의자(해변용)에서 책을 조금 읽을래요.

**Adam** 에, 언제 바다에 들어 올 건가요? 늦지 말아요!

**Kadın** 알았어요, 알았어! 당신은 가요, 나도 조금 후에 갈게요.

- 30분 후에, 바다에서 -

**Adam** 부인, 나 여기 있어요. 여기로 와요!

**Kadın** 가요.

**Adam** 오늘은 바다에 파도가 없어요.

**Kadın** 그래요, 바다가 매우 고요하네요, 그러나 당신 또 너무 멀리 가지 마요!

**Adam** 알았어요, 알았어! 걱정 마요! 나 여기 있어요.

* 터키에서 부부 간에 '내 생명'으로 호칭하기도 한다.

# I. Kelime Bilgisi

| | |
|---|---|
| açılmak | 열리다, 개방되다, 나가다, 멀리가다 |
| aile | 가족 |
| ailece | 가족과 함께 |
| akşam | 저녁 |
| akşam yemekleri hariç | 저녁 식사는 제외된다 |
| ancak | 단지, 다만 |
| ayrıca | 또한, 게다가 |
| bar | 술집 |
| birazdan | 잠시 후 |
| birlikte | 함께 |
| bisiklet | 자전거 |
| bol bol dinleneceğim | 충분히 휴식할 것이다 |
| bronzlaşmak | 구리 빛으로 되다, 그을리다 |
| buzdolabı | 냉장고 |
| bütün | 전체 |
| çanta | 가방 |
| çok yer göreceğiz | 많은 곳을 (우리는) 볼 것입니다 |
| daha | 더 |
| dahil | 포함하다(부사), 안, 내부(명사) |
| dalga | 파도 |
| deniz | 바다 |
| dinlenmek | 쉬다, 휴식하다 |
| doğru | 바른, 곧은, 참된 |

| | |
|---|---|
| durum | 상황, 상태 |
| efendim! | 네!, 선생님, 손님. |
| eş | 짝, 배우자 |
| fazla | 지나친, 많은, 과잉의 |
| fiyata dahil | 가격에 포함되다 |
| garsonluk | 종업원 직무 |
| garsonluk yapmak | 종업원으로 일하다 |
| gece | 밤 |
| gerçekten | 정말로, 진실로 |
| girmek | 들어가다 |
| gölge | 그늘 |
| gün | 날 |
| güneş | 해, 태양, 햇빛 |
| güneş tam tepede | 해가 가장 높은 곳에(한낮이라는 뜻) |
| güneş kremi | 썬 크림 |
| güneşlenmek | 일광욕하다 |
| hangi tarihte | 어느 때에, 어느 날에 |
| hariç | 밖, 제외, 외부(명사), 이외에(부사) |
| hayat | 생활, 삶, 생명 |
| hayatım | 내 생명(호칭으로 부를 때에는 '귀한 사람'으로 받아들임.) |
| indirim yapmak | 할인하다 |
| Kaç kişilik oda | 몇 인용 방 |
| kalmak | 머물다, 남다 |

| | |
|---|---|
| kalabalık | 혼잡한, 복잡한 |
| karavan | 미니 이동주택(자동차로 끄는) |
| karı | 처, 부인 |
| Kiminle görüşüyorum | 누구하고 (내가) 대화하고 있지요? 즉, "당신은 누구십니까?"이다 |
| kişi | 사람 |
| klima | 에어컨 |
| koca | 남편 |
| lira | 리라(화폐 단위) |
| memur | 공무원, 직원 |
| merak etmek | 흥미를 갖다, 관심을 갖다 |
| merak etme! | 염려하지마! (2인칭 명령형) |
| mola vermek | 휴식하다, 쉬다 |
| Nereye gideceksin? | 넌 어느 곳으로 가니? |
| Nereye gideceksiniz? | 당신(들)은 어디로 가십니까? |
| oda | 방 |
| otel | 호텔 |
| öğle | 정오 |
| plaj | 해변, 모래사장 |
| plaj kalabalık değil | 해변이 혼잡하지 않다 |
| plan | 계획 |
| reklam | 선전, 광고 |
| rezervasyon | 예약 |
| rezervasyon yaptırmak | 예약하다 |
| saat | 시간, 시계 |

| | |
|---|---|
| sadece | 단지, 다만 |
| sakin | 조용한, 고요한 |
| sıcak | 따뜻한 |
| Şansımız varmış! | 우리의 행운이 있어! |
| şanslı | 행운의 |
| şemsiye | 우산, 양산, 파라솔 |
| şezlong | 긴의자, 침대의자 |
| tam | 완전한, 정확한, 정각의 |
| tarih | 날짜, 시간, 역사 |
| tatil | 휴가, 방학 |
| tatil yapacağım | 나는 휴가를 보낼 것이다 |
| tatile gitmeyeceğim | 나는 휴가를 가지 못할 것이다 |
| televizyon | 텔레비전 |
| Temmuz | 7월 |
| tepe | 꼭대기, 정상, 높은 곳 |
| ummak | 바라다, 기대하다 |
| üstelik | 게다가, 더욱이 |
| yaptırmak | 시키다, 하게 만들다 |
| yarım | 반, 절반 |
| yaz | 여름 |
| yer | 장소, 지역 |
| yine de | 또한, 또 |
| yüzmek | 수영하다 |

## Tatil Planı İçin Kullanılan İfadeler
휴가 계획에 사용되는 표현

| | | |
|---|---|---|
| A | Ucuz ve temiz bir otel arıyorum. | 싸고 깨끗한 호텔을 찾고 있어요. |
| B | Gazete ilanlarına bakabilirsiniz. | 신문 광고를 찾아볼 수 있어요. |
| A | Bana iyi bir otel önerebilir misiniz? | 내게 좋은 호텔을 추천할 수 있어요? |
| B | Size Didim'de Yıldırım Otel'i öneririm. | 당신에게 디딤에 이을드름 호텔을 추천합니다. |
| A | Buralarda güzel bir otel var mı? | 이곳에 좋은 호텔이 있어요? |
| B | Evet, Güneş Otel buraya çok yakın. | 네, 귀네쉬 호텔이 여기에서 아주 가까워요. |
| A | Bu yıl tatile çıkacak mısın? | 올해 휴가를 (넌) 떠날 거야? |
| B | Hayır, bu yıl tatile çıkmayacağım. | 아니, 올해 휴가를 (난)떠나지 않을 거야. |
| A | Bu yıl nerede tatil yapacaksın? | 올해 어디에서 (넌) 휴가를 보낼 거야? |
| B | Bu yıl Antalya'ya gideceğim. | 올해 안탈야에 (난) 갈 거야. |

| | | |
|---|---|---|
| A | Antalya'ya neyle gideceksin? | 안탈랴에 어떻게 갈 거니? |
| B | Uçakla veya otobüsle gideceğim. | 비행기나 버스로 갈 거야. |
| A | İstanbul'da kaç gün kalacaksın? | 이스탄불에서 며칠 머물 거니? |
| B | Üç gün kalacağım. | 3일 머물 거야. |
| A | İzmir'e daha önce gittin mi? | 이즈미르에 그 전에 갔었니? |
| B | Hayır, ilk defa gideceğim. | 아니, 처음으로 가는 거야. |
| A | Bu yıl kaç gün tatil yapacaksın? | 올해 며칠 휴가를 보낼 거니? |
| B | 15 gün tatil yapacağım. | 15일 휴가를 보낼 거야. |
| A | Tatilden ne zaman döneceksin? | 휴가에서 언제 돌아오니? |
| B | Ağustos sonunda döneceğim. | 8월 말에 돌아올 거야. |
| A | Şey! Ben de sizinle gelebilir miyim? | 저..! 나도 너희와 함께 갈 수 있을까? |
| B | Başka bir zaman birlikte gideceğiz. | 다른 때 (우리) 함께 가자. |

## Otel ve Rezervasyon İçin Kullanılan İfadeler
호텔 예약을 위한 표현

| | | |
|---|---|---|
| A | İki kişilik oda ayırtmak istiyorum. | 2인용 방을 예약하고 싶습니다. |
| B | Tabi! Şu kayıt formunu doldurabilir misiniz? | 물론! 이 (종이) 양식에 기록해 주세요. |
| A | Formu doldurdum. Başka bir işlem var mı? | 양식에 기록했어요. 다른 절차가 있어요? |
| B | Hayır, yok. Buyurun, odanızın anahtarı. İkinci kat 203 numara. | 아니, 없어요. 여기 방의 열쇠요. 2층에 203호예요 |
| A | Bir kişilik rezervasyon yaptırmak istiyorum. | 1인용 예약을 하고 싶습니다. |
| B | Tabi, Hanımefendi. | 물론이지요, 손님(숙녀). |
| A | Kaç gün kalacaksınız? | 며칠 머물겁니까? |
| B | Ne kadar kalacağım belli değil. | 내가 며칠 머물지 확실하지 않아요. |
| A | Boş odanız var mı? | 빈 방이 있어요? |
| B | Evet, efendim. Kaç kişilik oda istiyorsunuz? | 네, 손님. 몇 인용 방을 원하세요. |
| A | Odalarda klima var mı? | 방에 에어컨이 있어요? |
| B | Evet, efendim. Ayrıca 24 saat sıcak su var. | 네, 손님. 또한 24시간 온수가 있어요. |

| | | |
|---|---|---|
| A | Odaların gecelik fiyatı ne kadar? | 방이 1박에 얼마지요? |
| B | Her şey dahil, 50 Lira. | 모든 것을 포함하여 50 리라 입니다. |
| A | Döviz kabul ediyor musunuz? | 외화를 받습니까? |
| B | Tabi, efendim. Dolar mı? Avro mu? | 물론예요, 손님. 달러 혹은 유로화입니까? |
| A | Tam pansiyon ne kadar, yarım pansiyon ne kadar? | 모든 것(식사)을 포함한 숙박이 얼마이고, 숙박만은 얼마이지요? * yarım 절반이란 의미임. |
| B | Tam pansiyon 40 Lira, yarım pansiyon 30 Lira. | 식사 포함 숙박은 40 리라, (식사 제외된) 숙박은 30 리라입니다. |
| A | Öğrenci indirimi var mı? | 학생 할인이 있어요? |
| B | Evet. Öğrenciler için %10 indirim yapıyoruz. | 네, 학생들에게 10% 할인을 합니다. |
| A | Yemekler açık büfe mi? | 식사는 오픈 뷔페입니까? |
| B | Evet. Sabahları 7-10 arasında açık büfe. | 네, 아침 7-10시에 뷔페에서. |
| A | Kahvaltı saat kaçta başlıyor? | 아침 식사는 몇 시에 시작됩니까? |
| B | Kahvaltı sabah saat 7'den 10'a kadar. | 아침 식사는 7-10시까지. |

ÜNİTE V

| | | |
|---|---|---|
| A | Otelinizde Kore yemekleri var mı? | 이 호텔에 한국 음식이 있어요? |
| B | Maalesef, Beyefendi! | 안됐지만, 없어요. |
| A | Beni sabah yedide uyandırabilir misiniz? | 나를 아침 7시에 깨워주실 수 있어요? |
| B | Tabi efendim! Oda numaranız kaç? | 물론이지요, 손님! 방 번호가 몇입니까? |
| A | Bu oda çok güneşli. Başka boş odanız yok mu? | 이 방이 햇빛이 너무 들어와요. 다른 빈 방 없어요? |
| B | Maalesef! Tek boş odamız bu. | 안됐지만, 단 하나의 빈방입니다 이것이. |
| A | Denize bakan boş bir odanız var mı? | 바다가 보이는 빈 객실이 있어요? |
| B | Var, efendim. | 네, 손님. |
| A | Çarşaf ve nevresimleri değiştirebilir misiniz? | 침대 시이트와 이불 홑청을 바꿔주세요. |
| B | Hemen efendim! | 바로(하겠습니다), 손님. |
| A | Odayı sabah kaçta boşaltmak gerekiyor? | 객실을 오전 몇 시에 비워야 하지요? |
| B | Sabah onda, efendim. | 아침 10시에요. |
| A | Oda servisiniz var mı? | 객실에 서비스를 해줍니까? |
| B | Tabi, Beyefendi! | 물론이지요, 사장님. |

| | | |
|---|---|---|
| A | Kahvaltımı odama gönderebilir misiniz? | 아침 식사를 방으로 보낼 수 있어요? |
| B | Hay hay, Beyefendi. | 네, 사장님. |
| A | Hesabımı kapatmak istiyorum. | 내 비용(계산)을 지불하고 싶습니다. |
| B | Biraz bekleteceğim, beyefendi. | 잠시 기다려주세요, 손님. |
| A | Mini barı kullandınız mı? | 미니 바를 사용하셨어요? |
| B | Hayır, mini barı kullanmadım. | 아니요, 미니 바를 사용하지 않았어요. |
| A | Mini bardan içecek aldınız mı? | 미니 바에서 음료를 드셨어요? |
| B | Evet, bir tane kola aldım. | 네, 콜라 한 병을 마셨어요. |
| A | Benim için bir taksi çağırabilir misiniz? | 내게 택시를 불러주실 수 있어요? |
| B | Tabi, hemen çağıralım. | 물론이지요, 바로 부르겠어요. |
| A | Korece bilen rehberiniz var mı? | 한국어를 아는 안내자가 있어요? |
| B | Tabi, efendim. | 물론이지요, 손님. |
| A | Tur ne kadar sürer? | 여행이 어느 정도 걸려요? |
| B | Yaklaşık iki saat sürer. | 대략 2 시간 걸려요. |

ÜNİTE V

## Plaj ve Denizle İlgili İfadeler
해변, 바다와 관련된 표현

| | | |
|---|---|---|
| A | Yüzme biliyor musunuz? | 수영을 할 줄 아세요? |
| B | Evet, biliyorum. | 네, 압니다. |
| A | Plajda cankurtaran var mı? | 해변에 구명조끼가 있어요? |
| B | Evet, var. | 네, 있어요. |
| A | Plajda şezlong ve şemsiye var mı? | 해변에 침대 의자와 파라솔이 있어요? |
| B | Evet, ama kiralık. | 네, 그러나 빌려야 합니다. |
| A | Plajda yiyecek ve içecek var mı? | 해변에 음식과 음료가 있어요? |
| B | Evet, tost ve kola var. | 네, 토스트와 콜라가 있어요. |
| A | Sen denize girecek misin? | 너도 바다에 들어갈 거야? |
| B | Evet, gireceğim. | 그래, 들어갈 거야. |
| A | Deniz bugün dalgalı mı? | 바다에 오늘 파도가 있어? |
| B | Hayır, sakin ve sıcak. | 아니, 잠잠하고 따뜻해. |
| A | Nereden güneş kremi alabilirim? | 어디에서 썬 크림을 살 수 있어요? |
| B | Otelin yakınında bir parfümeri var. | 호텔 근처에 화장품 가게가 있어요. |

| | | |
|---|---|---|
| A | Nereden plaj havlusu alabilirim? | 어디에서 해변용 타월을 살 수 있어요? |
| B | Köşedeki mağazadan alabilirsiniz. | 모서리에 있는 상점에서 살 수 있어요. |
| A | Nereden mayo ve bikini alabilirim? | 어디에서 수영복과 비키니를 살 수 있어요? |
| B | Karşıdaki butikten alabilirsiniz. | 맞은 편 옷가게에서 살 수 있어요. |

ÜNİTE V

## 1 Gelecek Zaman: -AcAk (-acak, -ecek)

미래시제어미

**a) Olumlu (+): 긍정**

(Ben) *fiil* + **-(y)AcAğİm** → (Ben) *geleceğim*
(Sen) *fiil* + **-(y)AcAksİn** → (Sen) *döneceksin*
(O) *fiil* + **-(y)AcAk** → (O) *okuyacak*
(Biz) *fiil* + **-(y)AcAğİz** → (Biz) *öğreneceğiz*
(Siz) *fiil* + **-(y)Acaksİnİz** → (Siz) *yapacaksınız*
(Onlar) *fiil* + **-(y)AcAklAr** → (Onlar) *çalışacaklar*

**b) Olumsuz (—): 부정**

(Ben) *fiil* + **-mAyAcağİm** → (Ben) *gelmeyeceğim*
(Sen) *fiil* + **-mAyAcAksİn** → (Sen) *dönmeyeceksin*
(O) *fiil* + **-mAyAcAk** → (O) *okumayacak*
(Biz) *fiil* + **-mAyAcAğİz** → (Biz) *öğrenmeyeceğiz*
(Siz) *fiil* + **-mAyAcaksİnİz** → (Siz) *yapmayacaksınız*
(Onlar) *fiil* + **-mAyAcAklAr** → (Onlar) *çalışmayacaklar*

**c) Olumlu Soru (+?): 긍정의문**

(Ben) *fiil* + **-(y)AcAk mİyİm?** → (Ben) *gelecek miyim*?
(Sen) *fiil* + **-(y)AcAk mİsİn?** → (Sen) *dönecek misin*?
(O) *fiil* + **-(y)AcAk mİ?** → (O) *okuyacak mı*?

(Biz) *fiil* + **-(y)AcAk mİyİz?** → (Biz) *öğren***ecek miyiz**?

(Siz) *fiil* + **-(y)Acak mİsİnİz?** → (Siz) *yap***acak mısınız**?

(Onlar) *fiil* + **-(y)AcAklAr mİ?** → (Onlar) *çalış***acaklar mı**?

**d) Olumsuz Soru (—?):** 부정의문

(Ben) *fiil* + **-mAyAcAk mİyİm?** → (Ben) *gel***meyecek miyim**?

(Sen) *fiil* + **-mAyAcAk mİsİn?** → (Sen) *dön***meyecek misin**?

(O) *fiil* + **-mAyAcAk mİ?** → (O) *oku***mayacak mı**?

(Biz) *fiil* + **-mAyAcAk mİyİz?** → (Biz) *öğren***meyecek miyiz**?

(Siz) *fiil* + **-mAyAcak mİsİnİz?** → (Siz) *yap***mayacak mısınız**?

(Onlar) *fiil* + **-mAyAcAklAr mİ?** → (Onlar) *çalış***mayacaklar mı**?

## 2 İşaret Sıfatları ve Zamirleri: 지시형용사와 대명사

### I. İşaret Sıfatları: 지시형용사

**Bu** → **Bu** çocuk Korelidir.

**Şu** → **Şu** araba çok güzel.

**O** → **O** adam doktordur.

→ **Bu** öğrenci**ler** Almandırlar.

→ **Şu** kitap**lar** Türkçe'dir.

→ **O** pasta**lar** meyvelidir.

### II. İşaret Zamirleri: 지시대명사

***Tekil***

**Bu** → **Bu** (çocuk) Korelidir.

**Şu** → **Şu** (araba) çok güzel.
**O** → **O** (adam) doktordur.

***Çoğul***

**Bunlar** → **Bunlar** (Bu öğrenciler) Almandırlar.
저들은 독일인이다.
**Şunlar** → **Şunlar** (Şu kitaplar) Türkçe kitabı'dir.
저것들은 터키어 책이다.
**Onlar** → **Onlar** (O pastalar) meyvelidir.
그것들은 과일(케이크)이다.

**a) İşaret Kelimelerinde Belirtme Durumu**

| Tekil | Çoğul |
|---|---|
| Bunu | Bunları |
| Şunu | Şunları |
| Onu | Onları |

**b) İşaret Kelimelerinde Yönelme Durumu**

| Tekil | Çoğul |
|---|---|
| Buna | Bunlara |
| Şuna | Şunlara |
| Ona | Onlara |

**c) İşaret Kelimelerinde Bulunma Durumu**

| Tekil | Çoğul |
|---|---|
| Bunda | Bunlarda |
| Şunda | Şunlarda |
| Onda | Onlarda |

#### d) İşaret Kelimelerinde Ayrılma Durumu

| Tekil | Çoğul |
|---|---|
| Bundan | Bunlardan |
| Şundan | Şunlardan |
| Ondan | Onlardan |

## 3 Yer-Yön Bildiren İşaret Kelimeleri

장소와 방향을 나타내는 지시대명사

| Tekil | Çoğul |
|---|---|
| Bura(sı) | Buralar |
| Şura(sı) | Şuralar |
| Ora(sı) | Oralar |

#### a) Yer-Yön Zarflarında Belirtme Durumu

| Tekil | Çoğul |
|---|---|
| Burayı | Buraları |
| Şurayı | Şuraları |
| Orayı | Oraları |

#### b) Yer-Yön Zarflarında Yönelme Durumu

| Tekil | Çoğul |
|---|---|
| Buraya | Buralara |
| Şuraya | Şuralara |
| Oraya | Oralara |

c) **Yer-Yön Zarflarında Bulunma Durumu**

| **Tekil** | **Çoğul** |
|---|---|
| Burada | Buralarda |
| Şurada | Şuralarda |
| Orada | Oralarda |

d) **Yer-Yön Zarflarında Ayrılma Durumu**

| **Tekil** | **Çoğul** |
|---|---|
| Buradan | Buralardan |
| Şuradan | Şuralardan |
| Oradan | Oralardan |

## V. Alıştırmalar

01 Aşağıdaki cümlelerde boşlukları gelecek zaman ekleriyle doldurunuz.

1) ( + ) (Ben) bugün otel için rezervasyon yaptır____ .
2) ( + ) (Sen) bol bol dinlen____ .
3) (+?) (O) bu evden memnun kal____ __ ?
4) ( + ) (Biz) derste öğretmeni dinle____ .
5) (+?) (Siz) şezlongda güneşlen____ ____ ?
6) ( + ) (Onlar) bu akşam odada televizyon seyret____ .
7) (—) Turistler buraya gel_____ .
8) (—) O, bugün sizinle sinemaya git____ .
9) (—?) O kız bizimle oraya gel____ __ ?
10) (—?) Şu çocuk kahvaltı yap____ __ ?
11) (—?) Ben orada kitap oku____ ____ ?
12) (—) Üzgünüm, kızım seninle görüş____ .

02 Aşağıdaki cümlelerde altı çizili öğeleri örnekteki gibi çoğul yapınız.

**Örnek**: Bu telefon çok eski. Bu telefon**lar** çok eski_______.
**Bunlar** çok eski____________.

1) Bu film çok uzun.

______________________. ______________________.

2) Şu kız üniversitede öğrencidir.

______________________. ______________________.

3) O kitap çantadadır.

______________________. ______________________.

4) Bu arabayı çok seviyorum.

______________________. ______________________.

5) Şu defteri verir misiniz?

______________________. ______________________.

6) O numarayı not ediniz!

______________________. ______________________.

7) Bu sinemaya gittin mi?

______________________. ______________________.

8) Şu otele bakar mısın?

______________________. ______________________.

9) O lokantaya gidelim.

______________________. ______________________.

10) Bu masada ekmek yok.

______________________. ______________________.

11) Şu markette indirim var.

______________________. ______________________.

12) O adamdan hoşlanmıyorum.

______________________. ______________________.

# ÜNİTE VI

# TELEFONLAŞMA, E-MAIL

# TELEFON GÖRÜŞMESİ

| | |
|---|---|
| **Sekreter** | Alo! Buyurun! |
| **Funda Hanım** | Alo! İyi günler! Ben Funda KÖSE.<br>Adem Beyle görüşebilir miyim? |
| **Sekreter** | Funda Hanım, Adem Bey maalesef yok. |
| **Funda Hanım** | Peki, Mehmet Bey orada mı, acaba? |
| **Sekreter** | Evet, Mehmet Bey burada. Görüşmek ister misiniz? |
| **Funda Hanım** | Evet, Mehmet Bey'i bağlayın, lütfen! |
| **Sekreter** | Tabi! Ayrılmayın, lütfen! Hemen bağlıyorum. Mehmet Bey, Funda Hanım hatta. Sizinle görüşmek istiyor. |
| **Mehmet Bey** | Tamam! Bağlayın, lütfen! |
| **Funda Hanım** | Alo! İyi günler, Mehmet Bey! |
| **Mehmet Bey** | İyi günler, Funda Hanım! Nasılsınız? |
| **Funda Hanım** | Teşekkür ederim, Mehmet Bey! Biraz hastayım. |
| **Mehmet Bey** | Geçmiş olsun! Neyiniz var? |
| **Funda Hanım** | Sanırım üşüttüm. Öksürüyorum ve başım ağrıyor.<br>Bu yüzden, doktora gitmeliyim. |
| **Mehmet Bey** | Bugün işe gelmeyin, Funda Hanım!<br>Hastaneden sonra evinize dönmelisiniz ve güzelce dinlenmelisiniz. |

전화 통화

**Sekreter** 여보세요, 말씀하세요.

**Funda** 안녕하세요, 저는 푼타 쾨세입니다. 아뎀 씨와 통화할 수 있을까요?

**Sekreter** 푼타 부인, 아뎀 씨는 안 됐지만 자리에 없습니다.

**Funda** 그럼, 메흐멧 씨는 거기에 있나요, 혹시?

**Sekreter** 예, 메흐멧 씨는 여기에 있습니다. 통화하기를 원하십니까?

**Funda** 예, 메흐멧 씨를 연결해주세요. 미안하지만요.

**Sekreter** 물론입니다! 끊지 마세요! 곧 연결하겠습니다. 메흐멧 씨, 푼타 부인이 연결되어 있습니다. 당신과 통화하기를 원합니다.

**Mehmet** 좋아요! 연결해주세요.

**Funda** 여보세요! 안녕하세요, 메흐멧 씨!

**Mehmet** 안녕하세요, 푼타 부인. 어떻게 지내세요?

**Funda** 고맙습니다, 메흐멧 씨. 조금 아픕니다.

**Mehmet** 빨리 나으세요. 어디가 아프십니까?

**Funda** 제 생각에는 감기 걸렸어요. 기침을 하고 머리가 아파요. 그 때문에 의사에게 가야합니다.

**Mehmet** 오늘 직장에 오지 마세요, 푼다 부인. 병원에 다녀온 후에 집에 돌아가서 잘 쉬어야합니다.

| | |
|---|---|
| **Funda Hanım** | Çok anlayışlısınız. Teşekkür ederim! |
| **Mehmet Bey** | Rica ederim! Tekrar geçmiş olsun! |
| **Funda Hanım** | Teşekkürler, Mehmet Bey! Yarın görüşmek üzere! İyi günler! |
| **Mehmet Bey** | Görüşmek üzere, Funda Hanım! Size de iyi günler! |

**Funda** 매우 관대하시군요. 감사합니다.

**Mehmet** 천만에요. 빨리 나으세요.

**Funda** 감사합니다, 메흐멧 씨. 내일 뵙겠습니다. 잘 지내세요.

**Mehmet** 또 뵙겠습니다, 푼다 부인. 당신도 잘 지내요.

# TELEFON NUMARASI VE MAİL ADRESİ

| | |
|---|---|
| **Funda** | Merhaba, canım! |
| **Bayram** | Merhaba, hayatım! |
| **Funda** | Bugün seni iki defa aradım, ama ulaşamadım. Nerelerdesin hayatım? |
| **Bayram** | Aa, şey! Sana söylemeyi unuttum, canım. Ben bugün telefon numaramı değiştirdim. |
| **Funda** | Ne? Telefon numaranı mı değiştirdin? Peki, neden ? Bana neden söylemedin? |
| **Bayram** | Hayatım, biliyorsun o hat çok pahalı. Daha ucuz bir hat aldım. Onun için. |
| **Funda** | Anlıyorum. Eee, yeni telefon numaran nedir? |
| **Bayram** | Yeni cep numaram 0 532 678 16 80. Peki, yeni mail adresimi biliyor musun? |
| **Funda** | Hayırdır! Bir de yeni mail adresi mi aldın? Allah Allah! |
| **Bayram** | Evet, canım. Biliyorsun, eski adresime birçok istenmeyen mesaj geliyordu. Yeni mail adresim de şöyle: kosebayram@gmail.com |
| **Funda** | Tamam canım! Adresini de yazdım. |
| **Bayram** | Şimdi bütün numaraları bu hata kaydetmeliyim. Senin numaranla başlayalım... Eee,şey! Hayatım, senin telefon numaran neydi? |

전화번호와 메일 주소

**Funda** 안녕, 여보.

**Bayram** 안녕, 여보

**Funda** 오늘 당신에게 두 번 연락을 했지만, 통화가 되지 않았어요. 어디에 있었나요, 여보?

**Bayram** 아, 당신에게 말하는 것을 잊었어요, 여보. 나 오늘 전화 번호를 바꿨어요.

**Funda** 뭐라구요? 전화 번호를 바꾸었다고요? 그러니까, 왜요? 왜 내게 이야기 하지 않았어요?

**Bayram** 여보, 당신도 알다시피 그 전화선은 매우 비쌌어요. 더 싼 전화선을 샀어요, 그 때문이에요.

**Funda** 알겠어요, 음, 새 전화번호가 뭐예요?

**Bayram** 내 새 핸드폰 번호는 0 532 678 15 80이에요. 내 새 메일 주소는 알고 있어요?

**Funda** 저런, 새 메일 주소도 만들었어요? 세상에!

**Bayram** 응, 여보. 당신도 알다시피 내 옛 매일 주소에 많은 스팸메일이 왔었어요. 내 새 메일주소는 이거예요. kosebayram@gmail.com

**Funda** 알겠어요, 여보. 당신의 메일주소도 적었어요.

**Mehmet** 지금 모든 번호(전화)들을 이 전화선에 남겨야 해요. 당신의 번호로 시작해요. 여보, 당신의 번호는 뭐였어요?

# TELEFON NUMARASI VE MAİL ADRESİ

| | |
|---|---|
| **Funda** | Aşk olsun! Benim telefon numaramı bilmiyorsun, öyle mi? |
| **Bayram** | Şey! Numaran bende var, tabi! Var da..., eee... not defterimde, yani. |
| **Funda** | Cep numaram 0 533 435 73 12, c.a.n.ı.m. |
| **Bayram** | Sağ olasın, hayatım! |

**Funda** 기가 막혀! 당신은 내 전화번호를 몰라요, 정말이에요?

**Mehmet** 그러니까! 당신 전화 번호 내게 있어, 물론! 있어.., 메모지에, 그러니까.

**Funda** 내 핸드폰 번호는 0 533 435 73 12, 여보.

**Mehmet** 고마워요, 여보.

# E – MAIL

**Murat** Noyan, arkadaşım bana bir e mail gönderdi, ama açamıyorum. Ne yapmalıyım?

**Noyan** Öyle mi? O zaman, şimdi birlikte bakalım. Öncelikle, İnternet'e girmelisin.

**Murat** Evet, girdim. Şimdi mail adresimi ve şifremi yazmalıyım, değil mi?

**Noyan** Evet... Şimdi Gelen Kutusunu aç.

**Murat** Tamam.

**Noyan** Hangi mail açılmıyor?

**Murat** Şu mail. Pınar gönderdi, ama açamıyorum.

**Noyan** Aa! Tekrar iyice tıkla!.

**Murat** Tamam, tıkladım. Aa, evet, açıldı. Yaşasın!

**Noyan** Ekte bir dosya var. İndirmek ister misin?

**Murat** Tamam! O dosyayı *Masa Üstüne* indirelim.

**Noyan** O zaman, *Yükle* komutunu tıklamalısın.

**Murat** Tamam! Evet, yüklüyor.

**Noyan** Yükleme tamamlandı. Şimdi açabilirsin.

**Murat** Peki, *e-Mailimi* kapatabilir miyim?

**Noyan** Tabi! *E-mailini* kapat ve *Masa Üstündeki* yeni dosyayı aç!

**Murat** Tamam! Aa, çok güzel bir e-kart var. "Seni çok özledim... Gelecek hafta oraya geleceğim.... ve doğum gününü kutluyorum".

이메일

| | |
|---|---|
| Murat | 노얀, 내 친구가 나에게 이메일을 보냈는데, 열어볼 수가 없어. 내가 뭘 해야 하지? |
| Noyan | 그래? 그러면, 지금 함께 보자. 먼저 네가 인터넷에 들어가야 해. |
| Murat | 응, 들어갔어. 내 메일 주소와 비밀번호를 써야하지, 그렇지 않니? |
| Noyan | 맞아. 지금 도착한 편지함을(*Gelen Kutusunu*) 열어. |
| Murat | 알았어. |
| Noyan | 어느 메일이 열리지 않아? |
| Murat | 이 메일. 프나르가 보냈는데, 열 수가 없어. |
| Noyan | 아! 다시 잘 클릭해 봐. |
| Murat | 알았어, 클릭했어. 아, 열렸어. 만세! |
| Noyan | 첨부 파일이 (Ekte bir dosya) 하나 있어. 다운 받고 싶니? |
| Murat | 물론이지. 그 파일을 바탕화면에 다운받자. |
| Noyan | 그러면 설치 지시를 클릭해야 해. |
| Murat | 알았어, 설치하고 있어. |
| Noyan | 설치가 끝났어. 이제 열 수 있어. |
| Murat | 내 이메일을 닫을 수 있을까? |
| Noyan | 물론이지, 이메일을 닫고 바탕화면에 있는 새 파일을 열어. |
| Murat | 알았어. 매우 예쁜 이메일 카드가 있네. "너를 매우 그리워했어. 나는 다음 주에 그곳에 갈 거야.. 그리고 너의 생일을 축하해." |

| | |
|---|---|
| ağrımak | 아프다 |
| Allah Allah! | 제발, 아이고! 아이 참! |
| Allah aşkına | 제발, 정말이지, |
| anlayışlı | 이해심이 있는, 아량 있는 |
| Ayrılmak | 분리되다, 떠나다 |
| aşk olsun! | 기막혀!, 제발(마음에 들지 않는 상태에서 사용) |
| bağlamak | 연결하다, bağlanmak은 수동형(연결되다) |
| baş | 머리 |
| başlamak | 시작하다 |
| birlikte bakalım | 함께 보자 |
| bu yüzden | 이 때문에 |
| bulmak | 찾다, 발견하다 |
| canım! | 여보, 내 사랑, 내 생명 |
| cep telefonu | 핸드폰 |
| defa | 차례, 횟수 |
| değiştirmek | 바꾸다, 교환하다 |
| dinlenmelisiniz | (당신은)쉬어야만 한다 |
| doğum günü | 생일 |
| dosya | 파일, 서류, 글, 문서 |
| dönmelisiniz | (당신은) 돌아가야만 한다. |
| ek | 첨가, 부가, 첨부 |
| e-kart | 이메일 카드 |

| | |
|---|---|
| ekte bir dosya | 첨부 파일 |
| eski | 옛날, 오래된 |
| geç kalmak | 늦다, 지각하다 |
| geçmiş olsun! | 회복을 바랍니다. 병이 낫기를 바래요! |
| gelen kutusu | 편지함, 도착한 함 |
| girmek | 들어오다, 참가하다 |
| göndermek | 보내다 |
| görüşebilir miyim? | (내가)만날 수 있을까요? |
| güzelce | 아름답게 |
| hangi? | 어떤? |
| hasta | 환자, 아픈 |
| hat | 선(전화선), 연결망 |
| hayat | 생명, 삶 |
| hayatım! | 여보, 내 생명 |
| hayırdır! | 별일 아니지, 좋은 일이겠지! |
| hiç | 전혀 |
| İndirmek | 다운받다, 내리다 |
| istemek | 원하다, **istenmek**은 **istemek**의 수동형 |
| istenmeyen mesaj | 스펨 메일(원하지 않는 메시지) |
| iyileşmek | 회복하다, 좋아지다 |
| kapatmak | 닫다, 계산하다, 종결하다 |
| kaydetmeliyim | (내가)등록해야만 한다 |
| kaydetmek | 기록하다, 등록하다 |

ÜNİTE VI

| | |
|---|---|
| kayıtlı | 기록된 |
| komut | 명령, 지시 |
| kutlamak | 축하하다 |
| masa üstü | 바탕화면, 책상 위 |
| neden | 이유, 왜? |
| neden söylemedin? | 왜 (넌)말하지 않았니? |
| not defteri | 메모장 |
| onun için | 이 때문에 |
| öksürmek | 기침하다 |
| Öncelikle | 우선 |
| özlemek | 그리워하다 |
| sağ olasın! | 고마워! |
| sekreter | 비서 |
| söylemek | 말하다 |
| şifre | 비밀번호, 암호 |
| tamamlamak | 완성하다 |
| tekrar | 다시, 한번 더, 재차 |
| tıklamak | 클릭하다 |
| ucuz | 싸다 |
| ulaşmak | 이르다, 도착하다 |
| üşütmek | 감기 걸리다 |
| Yaşasın! | 만세! |
| yüklemek | 올리다, 설치하다, 짐을 싣다 |

## Telefon Görüşmesi İçin Kullanılan İfadeler
전화대화에서 사용되는 표현

| | | |
|---|---|---|
| A | Alo! | 여보세요! |
| B | Alo! | 여보세요! |
| | | |
| A | Alo! | 여보세요! |
| B | Efendim! | 네. |
| | | |
| A | İyi günler! Ben Murat. | 좋은 날이지요! 전 무라트입니다. |
| B | İyi günler! Buyurun! | 좋은 날이지요! 말씀하세요! |
| | | |
| A | Alo, kiminle görüşüyorum? | 여보세요, 누구세요 (제가 누구하고 말하고 있나요?) |
| B | Ben Noyan, .... | 제가 노얀이지요,..... |
| | | |
| A | Murat Beyle görüşebilir miyim? | 무라트 씨와 대화할 수 있을까요? |
| B | Tabi! Hemen veriyorum. | 물론이지요! 바로 (바꿔)드립니다. |
| | | |
| A | Pınar Hanımla görüşecektim. | 프나르 양(부인)과 통화하려 합니다. |
| B | Buyurun! Ben Pınar. | 말씀하세요! 제가 프나르입니다. |
| | | |
| A | Funda Hanım orada mı, acaba? | 푼다 부인이 그곳에 있어요, 혹시? |
| B | Tabi! Hemen bağlıyorum. | 물론예요! 즉시 연결합니다. |

| | | |
|---|---|---|
| A | Kuzey Beyle görüşmek istemiştim. | 쿠제이 씨와 통화하고 싶어요. |
| B | Kuzey Bey maalesef yoklar. Kim aradı diyeyim? | 쿠제이 씨 안됐지만 없어요. 누가 찾았다고 말할까요? |
| A | Zeynep Hanımı bağlayabilir misiniz? | 제이넵 양을 연결해 주시겠어요? |
| B | Maalesef yoklar, bir notunuz varsa, iletebilirim. | 안됐지만 없어요, 메모를 남기시면 제가 전하겠어요. |
| A | Yaşar Bey yerinde mi acaba? | 야샤르 씨가 그곳에 있어요? |
| B | Evet, ama şu an bir görüşmesi var. | 네, 그러나 현재 통화하고 있어요. |
| A | Kemal Beyi bağlar mısınız? | 케말 씨를 연결해 주시겠어요? |
| B | Tabi! Bir saniye...<br>Kemal Beyin telefonu meşgul.<br>Az sonra tekrar arayın. | 네, 잠깐요...<br>케말 씨의 전화가 통화 중입니다.<br>잠시 후에 다시 전화하세요. |
| A | Affedersiniz! Yanlış numara çevirdim. | 미안합니다. 번호를 잘못 돌렸어요. |
| B | Rica ederim! Önemli değil. | 천만에요! 괜찮습니다. |
| A | "Aradığınız numaraya şu an ulaşılamıyor. Lütfen, daha sonra tekrar deneyiniz." (Telesekreter) | 원하시는 번호로 통화할 수 없습니다. 미안하지만 잠시 후 다시 시도하세요.(자동응답) |
| B | Hay Allah! Ebru'nun telefonu kapalı olmalı. | 아이, 참! 에브루의 전화가 꺼져있나 봐. |

| | | |
|---|---|---|
| A | Telefon çalıyor. Bakabilir misiniz? | 전화 벨이 울립니다. 당신이 통화해 보실래요? |
| B | Tamam! Hemen bakıyorum. | 알았어요! 즉시 통화하겠어요. |
| A | Telefon numaranızı alabilir miyim? | 당신의 전화번호를 받을 수 있을 까요? |
| B | Tabi! Yazın lütfen, 0532 678 16 80. | 물론, 쓰세요 미안하지만, 0532 678 16 80. |
| A | İstanbul'un şehirlerarası kodu kaç? | 이스탄불의 시외전화 코드가 몇번이지요? |
| B | Anadolu yakası 216, Avrupa yakası 212. | 아나돌루 쪽이 216, 유럽 쪽이 212입니다. |
| A | Türkiye'nin uluslararası kodu kaç? | 터키의 국제전화 코드가 몇 번이지요? |
| B | 90 | 90. |
| A | Kızılay TÖMER'in posta kodu ne? | 크즐라이 퇴메르의 우편 번호는 몇이지요? |
| B | 06650 | 06650. |
| A | Türkiye'den Kore'yi nasıl arayabilirim? | 터키에서 한국을 어떻게 연결합니까? |
| B | 0082'den sonra aramak istediğiniz numarayı çevirin. | 0082 다음에 찾는 번호를 돌리세요(누르세요). |

| | | |
|---|---|---|
| A | Beni Kore'den nasıl arayabilirler? | 한국에서 어떻게 나에게 전화할 수 있을까요? |
| B | 90'dan sonra cep telefonu numaranızı çevirmeliler. | 90 다음에 핸드폰 번호를 누르세요. |
| A | Kore Büyükelçiliğinin telefon numarasını öğrenebilir miyim? | 한국대사관 전화번호를 알 수 있을까요? |
| B | Tabi! Yazın lütfen : 0 312 468 48 22. | 물론이지요, 쓰세요 : 0 312 468 48 22. |
| A | Elçiliğe telefon edebilir miyim? | 대사관에 전화해도 됩니까? |
| B | Tabi! Buyurun! | 물론이지요! 하세요. |
| A | Buralarda telefon kulübesi var mı? | 이곳에 (공중)전화박스가 있어요? |
| B | Evet, 20 metre ileride, köşede bir telefon kulübesi var. | 네, 20 미터 전방, 모서리에 전화박스가 있어요. |
| A | Telefon kartı nereden alabilirim? | 전화카드를 어디에서 삽니까? |
| B | Şuradaki büfeden alabilirsiniz. | 저기 소형 편의점에서 살 수 있어요. |

## İnternet'le İlgili ifadeler
인터넷과 관련된 표현

| | | |
|---|---|---|
| A | Affedersiniz, buralarda İnternet kafe var mı? | 이 근처에 인터넷 카페가 있어요? |
| B | Tabi! Karşıdaki binanın giriş katında bir İnternet kafe var. | 물론이지요! 맞은 편 건물 입구에 인터넷 카페가 있어요. |
| A | İnternet'in saati ne kadar? | 인터넷 1 시간에 얼마지요? |
| B | İnternet'in saati 1 Lira. | 인터넷 1 시간에 1 리라입니다. |
| A | E-posta adresinizi alabilir miyim? | 이 메일 주소를 받을 수 있습니까? |
| B | Tabi. kosebayram@gmail.com | 물론. . kosebayram@gmail.com |
| A | MSN'de şu an kimler çevirimiçi? | MSN에서 지금 누가 참여하고 있지? |
| B | Ahmet, Bilal ve Tolga şu an çevirimiçi, ama Mustafa çevirimdışı. | Ahmet, Bilal, Tolga가 지금 참여하고 있으며 Mustafa는 그렇지 않아. |
| A | Hangi arama motorlarını kullanıyorsun? | 어떤 검색 엔진을 사용하고 있니? |
| B | Google, Yahoo ve Netbul arama motorlarını kullanıyorum. | Google, Yahoo, Netbul 검색 엔진을 사용해. |

| | | |
|---|---|---|
| A | Bebek.com sitesini açamıyorum. Sayfa görüntülenemiyor. | Bebek.com 사이트를 열지못하고 있어. 페이지가 나타나지 않고 있거든. |
| B | Çünkü Türkiye'de İnternet hızı düşük. | 왜냐하면 터키에서는 인터넷 속도가 떨어져. |
| A | Fotoğrafları bana e-posta ile gönderebilir misin? | 사진을 내게 이 메일로 보낼 수 있니? |
| B | Tabi! Bu akşam gönderirim. | 물론이지! 오늘 저녁 보낼게. |
| A | Dosyanın çıktısını yazıcıdan alabilir misin? | 서류의 인쇄를 프린터에서 할 수 있을까? |
| B | Üzgünüm, yazıcının mürekkebi bitti. | 미안해, 프린터의 잉크가 없어(끝났어). |
| A | Bilgisayarında USB2 bağlantısı var mı? | 컴퓨터에 USB2 연결 코드가 있어? |
| B | Hayır, USB1 bağlantısı var. | 아니, USB1 연결 코드가 있어. |
| A | Sen hangi klavyeyi kullanıyorsun? F mi, Q mu? | 넌 어떤 자판(키 보드)을 사용하니? F 혹은 Q? |
| B | Ben Q klavye kullanıyorum. | 난 Q 자판을 사용해. |
| A | Bu bilgisayarın ekranı kaç inç? | 이 컴퓨터의 화면은 몇 인치야? |
| B | 17 inç LCD ekran. | 17 인치 LCD 화면. |

| | | |
|---|---|---|
| A | Bu dosyaları CD'ye aktarabilir misin? | 이 문서를 CD로 전환해 줄 수 있니? |
| B | Üzgünüm, boş CD yok. | 미안해, 빈 CD가 없어. |
| A | İnternet'te maillerime bakabilir miyim? | 인터넷에서 내 메일을 볼 수 있을까? |
| B | Tabi, buyurun! | 물론, 보라구! |
| A | Affedersiniz, az önce İnternet bağlantısı koptu. | 미안해지만, 조금 전 인터넷 연결이 끊어졌어. |
| B | Bir saniye, kabloları kontrol edeyim. | 잠깐, 케이블을 점검해 보겠어. |

ÜNİTE VI

## 1 Gereklilik Kipi: -mAlİ (-malı, -meli): 필수법

**a) Olumlu (+): 긍정**

| | | | |
|---|---|---|---|
| (Ben) | *fiil* + **-mAlİyİm** | → | (Ben) *gel***meliyim** |
| (Sen) | *fiil* + **-mAlİsİn** | → | (Sen) *dön***melisin** |
| (O) | *fiil* + **-mAlİ** | → | (O) *otur***malı** |
| (Biz) | *fiil* + **-mAlİyİz** | → | (Biz) *öğren***meliyiz** |
| (Siz) | *fiil* + **-mAlİsİnİz** | → | (Siz) yap**malısınız** |
| (Onlar) | *fiil* + **-mAlİlAr** | → | (Onlar) çalış**malılar** |

**b) Olumsuz (—): 부정**

| | | | |
|---|---|---|---|
| (Ben) | *fiil* + **-mAmAlİyİm** | → | (Ben) *gel***memeliyim** |
| (Sen) | *fiil* + **-mAmAlİsİn** | → | (Sen) *dön***memelisin** |
| (O) | *fiil* + **-mAmAlİ** | → | (O) *otur***mamalı** |
| (Biz) | *fiil* + **-mAmAlİyİz** | → | (Biz) *öğren***memeliyiz** |
| (Siz) | *fiil* + **-mAmAlİsİnİz** | → | (Siz) *yap***mamalısınız** |
| (Onlar) | *fiil* + **-mAmAlİlAr** | → | (Onlar) *çalış***mamalılar** |

## 2 Adıl n'si

-**İ** (Belirtme durumu eki)

-**A** (Yönelme durumu eki)

**isim tamlaması +n+**

-**DA** (Bulunma durumu eki)

-**DAN** (Ayrılma durumu eki)

명사수식법 + **n** + 격어미(-İ, -A, -DA, -DAN)

telefon numarası + *n* + **ı** → telefon numarası***n***ı

alışveriş listesi + *n* + **i** → alışveriş listesi***n***i

öğretmenin kitabı + *n* + **a** → öğretmenin kitabı***n***a

İstanbul otobüsü + *n* + **e** → İstanbul otobüsü***n***e

öğretmenler odası + *n* + **da** → öğretmenler odası***n***da

not defteri + *n* + **de** → not defteri***n***de

bilgisayar ekranı + *n* + **dan** → bilgisayar ekranı***n***dan

indirim günleri + *n* + den → indirim günleri***n***den

## VI. Alıştırmalar

**01** Aşağıdaki cümlelerde boşlukları **gereklilik kipi** ekleriyle doldurunuz.

1) ( + ) (Ben) bugün anneme telefon et_____ .
2) ( + ) (Sen) yarın Pusan'a erken dön_____ .
3) ( + ) (O) yarın sabah erken kalk_____ .
4) ( + ) (Biz) bu akşam otelden ayrıl_____ .
5) ( + ) (Siz) bu konuyu müdürle görüş_____ .
6) ( + ) (Onlar) bu filmi seyret_____ .
7) (—) Bu çocuk parka yalnız git_____ .
8) (—) Siz orada uzun zaman kal_____ .
9) (—) Sen artık bu adamla konuş_____ .
10) (—) Biz bu mesaja cevap ver_____ .
11) (—) O, geç saatte müzik dinle_____ .
12) (—) Sen kesinlikle babanın arabasını kullan_____ .

**02** Aşağıdaki cümlelerde boşlukları **adıl n'si** ve **ad durum** ekleriyle tamamlayınız.

1) Arkadaşının arabası____ binmek istemiyorum.
2) Sen onun mail adresi____ yazmalısın.
3) Ahmet, telefon numarası____ değiştirdi.
4) Onunla öğretmenler odası____ görüştüm.

5) Bu meyveleri Beğendik alışveriş merkezi____ aldım.

6) Koreli öğrenci, Milli Piyango Yurdu____ kalıyor.

7) Bu adam çok zengin. Şehir merkezi____ oturuyor.

8) Sizleri babamın doğum günü____ davet ediyorum.

9) Metroda çıkış kapısı____ bulamadım.

10) Sinemanın önü____ buluştuk.

11) Bilgisayarın markası____ bilmiyorum.

12) Fotoğraf makinesi____ birçok resim var.

## BODRUM

Bodrum'da yaşam, güneşin batışından hemen önce başlar. Gecelemek için Kale'ye uçan martıların kanat hışırtıları ve limana dönen teknelerin motor sesleri duyulur. En iyi seyir yeri, tepedeki amfitiyatrodur. Amfitiyatrodan yavaş yavaş aşağı doğru inerken, sakin bir çevreye girilir. Çocuklar cıvıl cıvıl oyuna dalmışlardır. Bahçelerde veya evlerinin önünde oturan anne ve babalar, çay, bira veya rakılarını keyiflice yudumlarlar. Bodrum'un tüm sokaklarında herkes akın akın sahile doğru yürür··· Yemekten önce, bir barda geleneksel olarak bir kokteyl alınır. Bodrum'un restoranları, geleneksel Türk yemeklerini ve her çeşit Batı yemeklerini sunar. Burada akşam yemekleri, tüm sorunlardan uzak ve saatlerce sürebilir. Akşam yemeğinden sonra ise, sokaklarda amaçsızca dolaşılır ve bir yerde koyu bir fincan Türk kahvesi, bir bardak çay veya daha kuvvetli bir şeyler içilir.

Bodrum'un güzel ikliminde gündüz geçen hoşça vakit, güneşin batışıyla bitmez. Kıyı restoranları tüm akşam boyu açıktır. Ay ışığında tekne gezileri, hatta yüzmek bile çok hoştur. Buradaki gece kuluplerinin çoğu açık havada ve kıyıdadır. Hareketli bir geceden sonra, Türkler, yatmadan önce bir tas çorba içmenin kendilerine iyi geleceğini düşünürler. Bodrum güneş doğana kadar uyanıktır. Çoğu dükkan ve butik geceyarısına kadar açıktır. Sıcacık atmosferli kıyı kahveleri, ışıklandırılmış kale duvarları, sokaklardaki kenar barlar ve buralardan gelen müzik sesleri dalga dalga ruhlara işler.

| | |
|---|---|
| Gecelemek için | 밤을 보내기 위해서 |
| güneşin batışından | 일몰 후 |
| kale'ye uçan | 성으로 날아가는 |
| martı | 갈매기 |
| kanat hışırtısı | 날개 퍼덕이는 소리 |
| limana dönen | 항구로 돌아오는 |
| tekne | 배, 선체 |
| motor sesleri | 엔진 소리 |
| seyir | 구경, 바라봄, 관광 |
| amfitiyatro | 야외극장 |
| sakin bir çevre | 조용한 한 지역(환경) |
| cıvıl cıvıl | 조잘조잘, 쫑알쫑알 |
| oyuna dalmışlar | 놀이에 빠져있다 |
| rakı | 라크(터키 특유의 술) |
| keyiflice | 유쾌하게, 즐겁게 |
| yudumlamak | 한 모금 마시다 |
| akın | 공격, 무리, 떼 |
| akın akın | 무리를 지어 |
| tüm sorunlar | 모든 문제 |
| tüm sorunlardan uzak | 모든 문제로부터 벗어난 |
| amaçsızca | 목적 없이 |
| koyu bir fincan Türk kahvesi | 한 잔의 터키 커피 |
| kıyı restoranları | 해변의 식당들 |
| tüm akşam boyu | 저녁 내내 |
| hareketli | 활동적인, 생동적인 |
| bir tas çorba | 한 사발의 수프 |
| uyanık | 깨어있는 ,영리한 |
| butik | 옷과 장심품을 파는 가게 |
| atmosfer | 분위기, 기운 |
| ışıklandırılmış | 불이 밝혀진 |
| sokaklardaki kenar barlar | 도로변의 바(술집) |

# ÜNİTE VII

# EV – AİLE

# KARI – KOCA, EVDE



| | |
|---|---|
| **Funda** | Bayram, bu ev artık bizim için biraz küçük, değil mi? |
| **Bayram** | Evet, iki çocuk ve biz, dört kişi için çok küçük. |
| **Funda** | İnternet'te kiralık ev ilanlarına bakalım mı? |
| **Bayram** | Çok iyi bir fikir. |
| **Funda** | emlak.com.tr sitesinde birçok kiralık ev ilanı varmış.<br>Mehmet de buradan kiralık ev bulmuş. |
| **Bayram** | www.emlak.com.tr, kiralık ve satılık evler. |
| **Funda** | Kiralık evler sayfasını açar mısın? |
| **Bayram** | Tamam! Açtım. Resimli ilanlara bakalım. |
| **Funda** | Evet, bak, şu ev nasıl? |
| **Bayram** | Özelliklerine bakalım.<br>Tamam..., dört oda, bir salon, iki tuvalet, mutfak ve banyo varmış.<br>Bence bu yeni bir daire. |
| **Funda** | Kaç metrekareymiş? |
| **Bayram** | 150 metrekareymiş. Dubleksmiş.<br>Alt katta salon, oturma odası, tuvalet ve mutfak.<br>Üst katta ise yatak odası, iki çocuk odası, tuvalet ve banyo varmış. |
| **Funda** | Aylık kirası ne kadarmış? |
| **Bayram** | Aylık 700 Lira, ayrıca 500$ depozito.<br>Ev sahibi, bir de memur kefil istiyormuş. |

아내 - 남편, 집에서

**Funda** 바이람, 이 집 이제 우리에게 약간 작지, 그렇지 않니?

**Bayram** 응, 두 아이와 우리, 네 명에게는 아주 작아.

**Funda** 인터넷에서 월세 집 광고를 보자구?

**Bayram** 아주 좋은 생각이군.

**Funda** *emlak.com.tr* 사이트에(sitesinde) 아주 많이 월세 집 광고가 있나 봐.
메흐멧 또한 이곳에서 월세 집을 찾았다더군.

**Bayram** www.emlak.com.tr, 월세와 매매용 집들.

**Funda** 월세용 집 페이지를 열어 볼래?

**Bayram** 좋아! 열었어. 사진이 있는 광고를 보자구.

**Funda** 응, 봐, 이 집이 어때?

**Bayram** 특징들을 (우리)보자구.
좋아......, 방 넷, 거실 하나, 화장실 둘, 부엌과 목욕탕이 있군.
내 생각으로는(bence) 이것이 새 집(사무실, 가구)이야.

**Funda** 몇 평방 미터인가?

**Bayram** 150 평방 미터인가 봐. 이층이고.
아래 층에 살롱, 거실, 화장실과 부엌.
윗층에 침실, 아이 방 둘, 화장실과 욕실이 있어.

**Funda** 월세(Aylık kirası) 어느 정도인가(ne kadarmış)?

**Bayram** 월세 700 리라, 그외에 500 달러 보증금.
집 주인이(Ev sahibi), 또한 직장인(사무원, 공무원) 보증자를 원하는군.

| | |
|---|---|
| Funda | Aa! Bak! İki balkonu, bir de terası varmış. Üstelik teras 25 metrekare. |
| Bayram | Yarın sabah evi görmeye gidelim. Beğenirsek, kiralayalım. |
| Funda | Evet, yarın emlakçıya telefon edelim ve evi yakından görelim. |

**Funda** 아! 봐! 발코니 둘, 테라스도 하나 있구. 게다가 테라스가 25 평방 미터구.

**Bayram** 내일 아침(Yarın sabah) 집을 보러 가자. 우리 마음에 들면(Beğenirsek) 월세 계약을 하자구.

**Funda** 응, 내일 중개인에게(emlakçıya) 전화하자구 그리고 집을 자세히 보자구.

## EVDE TEMİZLİK



**Murat** Yarın cumartesi, yani temizlik günü.

**Noyan** Evet, yarın ilk önce odalarımızı temizleyelim.

**Murat** Tamam! Banyoyu ben temizleyeyim, mutfağı da sen temizle.

**Noyan** Camları kim silecek?

**Murat** Merak etme! Ahmet camları geçen gün silmiş.

**Noyan** Şanslıyız. Ahmet geçen hafta perdeleri de yıkamış.

**Murat** Ahmet sağ olsun! Bize pek iş bırakmamış. Yarın işimiz kolay.
Evde deterjan var mı?

**Murat** Deterjanımız kalmamış, ama kovamız ve bezimiz var.

**Noyan** O zaman ben yarın sabah markete gidip bir kutu deterjan alayım.

**Murat** Tamam. Yarın koltukları da silelim ve mobilyaların tozunu alalım.
Ha! Unutmadan, çarşaflarımızı da yıkayalım.

**Noyan** Peki, ütüyü kim yapacak? Onu da mı Ahmet yapmış, yoksa?

**Murat** Yok canım! Daha neler! Herkes kendi elbisesini kendi ütüleyecek.
Anlaştık mı?

**Noyan** Tamam! Anlaştık!

집에서 청소...

**Murat** 내일 토요일이고, 즉 청소하는 날.

**Noyan** 응, 내일 , 제일 먼저 우리 방들을 청소하자.

**Murat** 좋지! 목욕실을 내가 청소하겠어, 부엌을(mutfağı) 네가 청소해.

**Noyan** 유리창을 누가(kim) 닦지?

**Murat** 염려하지 마(Merak etme) ! 아흐멧이 지난 날 청소했다구!

**Noyan** 우리 운이 있어. 아흐멧이 지난 주에(geçen hafta)에 커튼들을(perdeleri) 또 빨았나 봐.

**Murat** 아흐멧 고마워(sağ olsun: 고마워, 잘 되었으면!) 우리에게 별로 일을 남겨 놓지 않았어. 내일 우리 일이 쉽지. 집에 세제( deterjan: 세척제) 가 있니?

**Murat** 세제 남지 않았어. 그러나 양동이와 걸레는 있어.

**Noyan** 그러면 내가 내일 아침 마켓에 가서(markete gidip) 세제 한 박스 사겠어.

**Murat** 좋아. 내일 안락의자들도 닦고 가구들의 먼지를(mobilyaların tozu-nu) 치워야지.

아! 잊지 말고 침대 시트도 빨자.

**Noyan** 아주 좋아, 다림질을 누가 하지? 그것을 또 아흐멧이 했나?

**Murat** 안돼 친구야(Yok canım )! 더 무엇을! 각자가(Herkes) 자기 옷을 자기가 다림질 해야지.

우리 서로 이해됐지(해결됐지)?

**Noyan** 됐어! 이해됐어!

# DOĞUMGÜNÜ KUTLAMASI

**Bayram** Hayatım! Biliyorsun, gelecek pazar Kuzey'in doğum günü.

**Funda** Evet, gelecek pazar oğlumuz 4 yaşına girecek.

**Bayram** Partiye kimleri davet edeceğiz?

**Funda** Bütün akrabaları davet edelim, ne dersin?

**Bayram** Ne? Bütün akrabaları mı?

**Funda** Evet, bu yıl büyük bir parti yapmalıyız.

**Bayram** Peki, sen bilirsin. Ama, evimiz çok küçük.

**Funda** Sen de haklısın. O zaman, bir davetli listesi hazırlamalıyız.

**Bayram** Tamam! Öncelikle annem, annen, baban, kardeşin Tolga. Ablam, ağabeylerim, yeğenlerimiz...

**Funda** Fatoş Teyzem, Firdevs Teyzem, Anneannem, Ali Dayım.... Arkadaşlarımdan Nuray, Selma....

**Bayram** Ama, şimdiden 20 kişi oldu.

**Funda** Abartıyorsun. Yakın akrabalar ve arkadaşlarım olmazsa, olmaz!
Toplam 15 kişi oldu.

**Kuzey** Anne! Benim arkadaşlarımı unuttunuz.

**Bayram** Aa! Oğlum, senin arkadaşlarını nasıl unuturuz. Bu senin doğum günün.
Şöyle, kocaman, 25 kişilik bir pasta sipariş verelim.

**Funda** Pasta neyli olsun, oğlum?

**Kuzey** Meyveli olsun, anne. Meyveli pastaya bayılırım.

생일을 축하하기

**Bayram** 여보(내 생명, 아내를 내 생명으로 부르기도 함) 알다시피, 다음 일요일이 쿠제이 생일이야.

**Funda** 응, 다음 일요일 우리 아들이 네 살이 되지.(4 yaşına girecek: 네 살로 들어가)

**Bayram** 파티에 누구를 초청해야지?

**Funda** 모든 친척을 초청하자, 어때?

**Bayram** 뭐? 모든 친척을?

**Funda** 그래, 올해 큰 파티를(파티를 크게) 해야지.

**Bayram** 좋아, 네가 알아서 해. 그러나, 우리 집이 아주 작거든.

**Funda** 너도 옳아(haklısın). 그러면, 초청자 명단을 준비하자.

**Bayram** 좋아,! 우선 나의 엄마, 네 엄마, 네 아버지(baban), 네 동생 톨가. 내 누나, 내 형들, 우리 조카들.....

**Funda** Fatoş 이모, Firdevs 이모, 외할머니(Anneannem), Ali 외삼촌(Dayım).... 내 친구들 가운데 Nuray, Selma....

**Bayram** 그러나, 지금 20명이 됐어.

**Funda** 너 과장하는거지. 가까운 친척과 친구들이 없다면(olmazsa), 안돼(olmaz)!
합계(Toplam) 15명이 됐구.

**Kuzey** 엄마! 내 친구들을 잊었어요?

**Bayram** 아 ! 아들아, 네 친구들을 어떻게 잊겠니? 이것이 네 생일인데. 이렇게, 아주 커다란 25인용 케이크를 주문하자.

**Funda** 케이크가 어떤 것이 할까, 내 아들아?

**Kuzey** 과일이 있는 것으로요. 엄마, 과일 케이크를 너무 좋아하지요.

~(y)a bayılırım: 너무 좋아하다, 미칠 듯이 좋아하다.

**Erhan** Fatoş, siz kaç kardeşsiniz?

**Fatoş** Biz üç kardeşiz. Ben, ablam ve ağabeyim.

**Erhan** Yani, en küçük sensin, öyle mi?

**Fatoş** Evet, ben 23 yaşındayım, abim 25 yaşında, ablam 30 yaşında.

**Erhan** Peki, çok akraban var mı?

**Fatoş** Evet, ama bazıları Ankara'da, bazıları da İstanbul'da oturuyorlar.

**Erhan** Hangi akrabaların Ankara'da?

**Fatoş** İki teyzem, dayım, anneannem, dedem ve üç kuzenim Ankara'dalar.

**Erhan** İstanbul'da kimler var?

**Fatoş** Amcam, halam, babaannem ve büyükbabam İstanbul'da yaşıyorlar.
Peki, senin kardeşin var mı?

**Erhan** Benim bir kız kardeşim, bir de ablam var. İkisi de İstanbul'dalar.

**Fatoş** Kız kardeşin kaç yaşında?

**Erhan** O, henüz 10 yaşında, ilkokula gidiyor.

**Fatoş** Ablan ne iş yapıyor?

**Erhan** Ablam ev hanımı, çalışmıyor.

**Fatoş** Şanslısın. Sen ortancasın, ben en küçüğüm.

**Erhan** Bence, en küçük olmak daha güzel.

## 새로운 친구관계

**Erhan** 파토쉬(Fatoş), 네게는 몇 명의 형제가 있어?

**Fatoş** 우리는 형제가 셋이 있습니다. 나, 나의 누나, 형.

**Erhan** 즉, 가장 어린 사람이 너구나, 그렇지?

**Fatoş** 응, 나는 23살이고, 형이 25살, 나의 누나는 30살이지.

**Erhan** 좋아, 친척이 많니?

**Fatoş** 응, 그런데 일부는 앙카라에, 어떤 이들은 이스탄불에 거주해.

**Erhan** 너의 어떤 친척들이 앙카라에 계셔?

**Fatoş** 이모 둘, 내 외삼촌(dayım), 외할머니, 할아버지, 세 명의 사촌이 앙카라에.

**Erhan** 이스탄불에는 누가 계셔(있어)?

**Fatoş** 삼촌(친삼촌), 고모(hala-m: 나의 고모), 친할머니(babaannem), 할아버지가 이스탄불에 사셔.
좋아, 네 형제가 있어?

**Erhan** 나는 여동생 하나, 또 누나가 있어. 둘 다 이스탄불에 있어.

**Fatoş** 네 여동생 몇 살이지?

**Erhan** 그녀는 아직 10살이야. 초등학교에(ilkokul-a) 다니지.

**Fatoş** 네 누나는 무슨 일을 하지?

**Erhan** 나의 누나(abla-m) 가정 주부야, (직장에서) 일하지 않아(çalışmıyor).

**Fatoş** 너 행운아구나. 너는 차남이지(ortanca-sın: 가운데 아이), 나는 막내야.

**Erhan** 내 생각에는 (bence), 막내가 더 좋아.

# I. Kelime Bilgisi

| | |
|---|---|
| abartmak | 과장한다 |
| abla | 누나 |
| ağabey | 오빠 |
| akraba | 친척 |
| alt | 아래, 밑 |
| amca | 삼촌 |
| anne | 어머니 |
| anneanne | 외할머니 |
| artık | 이제 |
| aylık | 1개월의, 1개월 용 |
| Aylık kirası | 1개월 월세 |
| baba | 아버지 |
| babaanne | 친할머니 |
| bakkal | 가게, 잡화상점 |
| banyo | 목욕탕 |
| bayılmak | 기절하다, 매료되다 |
| bazıları | 일부, 일부 사람들 |
| beğenirsek | (우리가) 마음에 든다면 |
| bez | 천, 헝겊, 옷감, 걸레 |
| bırakmak | 남겨두다 |
| büyükbaba | 할아버지 |
| cam | 유리 |
| çarşaf | 침대 시이트, 이불의 홑청 |
| çocuk odası | 어린이 방 |
| daha | 더, 그 이상 |
| daha neler! | 더 무엇을! |
| daha neler istiyorsun! | 더 무엇을 원하니! |

| | |
|---|---|
| davet etmek | 초대하다 |
| davetli | 초대된 |
| davetli listesi | 초청 리스트 |
| dayı | 외삼촌 |
| depozito | 보증금, 공탁금 |
| deterjan | 세척제, 세제 |
| doğum günü | 생일 |
| dubleks | 이층 |
| elbise | 옷, 의상 |
| emlak | 부동산 |
| emlakçı | 중개인, 부동산 업자 |
| en büyük | 가장 큰 |
| en küçük | 가장 작은 |
| ev hanımı | 가정 주부 |
| ev sahibi | 집 주인, 집 소유주 |
| fikir | 의견, 생각 |
| geçen | 지난, 지나 간 |
| gelecek | 다가 올, 미래의 |
| hala | 고모 |
| ilan | 선전, 광고 kiralık ilanları: 임대 광고 |
| kalmak | 남다, 머물다 |
| kardeş | 형제 |
| kasap | 정육상인, 고기 장수 |
| kat | 층 |
| kefil | 보증인 |
| kendi | 자신, 자기 |
| kiralamak | 빌리다, 세들다 |
| kiralık | 임차용의, 월세의 |

| | |
|---|---|
| kişi | 사람 |
| koltuk | 안락의자 |
| kova | 양동이, 물통 |
| kuaför | 이발사, 미용사 |
| kutlama | 축하하다 |
| memur | 공무원, 관리, 사무원 |
| merak etmek | 궁금해하다, 관심을 가지다 |
| metrekare | 평방 미터 |
| mobilya | 가구 |
| mutfak | 부엌, 주방 |
| ne dersin(iz)? | 뭐라고 말씀하시겠어요? |
| neyse! | 좌우간, 어쨌든 |
| o zaman | 그때, 그렇다면 |
| oda | 방 |
| oğul | 아들 |
| olmazsa olmaz! | 없다면 안된다, 없다면 곤란하다 |
| ortanca | 중간, 자녀 셋 가운데 둘째. |
| oturma odası | 거실 |
| öncelikle | 우선적으로 |
| özellik | 특징 |
| pek | 아주, 대단히, 지극히 |
| perde | 커어튼, 장막, 휘장 |
| resim | 그림, 사진 |
| salon | 거실, 응접실 |
| satılık | 판매용 |
| sen bilirsin! | 네가 알아서 해! |
| silmek | 닦다, 훔치다 |
| sipariş vermek | 주문하다, sipariş verelim: 우리 주문하자! |

| | |
|---|---|
| site | 사이트(웹) |
| siz bilirsiniz! | 당신이 알아서 하세요 |
| şanslı | Şanslıyız: 우리는 행운야. |
| şimdiden | 현재로, 지금으로써 |
| temizlemek | 청소하다 |
| temizlik | 청소, 소제 |
| teras | 테라스 |
| teyze | 이모 |
| toz | 먼지 |
| tuvalet | 화장실 |
| üst | 위 |
| ütü yapmak | 다림질하다 |
| ütülemek | 다림질하다 |
| yakından | 가까이, 밀접하게 |
| yapılmak | 이루어지다, 만들어지다 |
| yatak odası | 침실 |
| yeğen | 조카 |
| yıkamak | 씻다, 빨다 |
| yok canım! | 아니야 친구야, 안돼 친구! |
| yoksa | 그렇지 않다면 |

## Ev Kiralama ve Satışında Kullanılan İfadeler
월세와 매매에서 사용되는 표현

| | | |
|---|---|---|
| A | Affedersiniz, yakınlarda emlakçı var mı? | 미안하지만, 근처에 중개업자 있어요? |
| B | 50 metre ileride, sağda Güven Emlak var. | 50 미터 전방에, 오른쪽에 Güven Emlak이 있어요.<br>Güven Emlak(믿음 부동산) |
| A | Kiralık daire var mı? | 월세용 집(사무실)이 있어요? |
| B | Evet, kaç odalı ev kiralamak istiyorsunuz? | 네, 몇 개의 방이 있는 집을 얻기를 원하세요? |
| A | Kiralık daireniz kaç odalı? | 월세용 집에 방이 몇 개이지요? |
| B | Daire üç oda, bir salon. | 집에 방이 셋, 거실 하나. |
| A | Daire kaç metrekare? | 집이 몇 평방 미터이지요? |
| B | Dairemiz 120 metrekare. | 집이 120 평방 미터입니다. |
| A | Ev hangi cephede? | 집이 어떤 쪽에 (있어요)? |
| B | Ev güney cephede, odalar güneş alıyor. | 집이 남쪽에, 방에 햇빛이 들어와요. |
| A | Bu evin aylık kirası ne kadar? | 이 집의 월세가 얼마이지요? |
| B | Aylık kira 600 Lira. | 월세가 600 리라이지요. |

| | | |
|---|---|---|
| A | Depozito istiyor musunuz? | 보증금을 원하세요? |
| B | Evet, 1000$ depozito istiyoruz. | 네, 보증금 1000$을 원합니다. |
| A | Apartmanda aidat var mı? | 이 아파트에 관리비가 있어요? |
| B | Evet, aylık 30 Lira aidat toplanıyor. | 네, 월 30 리라의 관리비를 받습니다. |
| A | Ev kaçıncı katta? | 집이 몇 층에 있어요? |
| B | Ev ikinci katta, ön cephe. | 집이 이층에, 앞쪽에 (있어요). |
| A | Yönetici kaçıncı katta oturuyor? | 관리인(입주자대표)이 몇 층에 거주합니까? |
| B | Yönetici giriş katta oturuyor. | 관리인이 입구층(1층)에 거주합니다. |
| A | Ev kat kaloriferli mi, merkezi ısıtma mı? | 집은 개별(난방) 혹은 중앙 난방입니까? |
| B | Bu apartmanda bütün evler kat kaloriferli. | 이 아파트의 모든 집은 개별 난방입니다. |
| A | Evin balkonu var mı? | 집에 발코니가 있어요? |
| B | Evet, bir mutfak balkonu, bir de salona açılan balkon var. | 네, 주방 발코니와 또 거실 발코니가 있어요. |
| A | Evin anahtarını ne zaman teslim alabilirim? | 집 열쇠를 언제 양도받을 수 있나요? |
| B | Yarın alabilirsiniz. | 내일 받으실 수 있어요. |

| | | |
|---|---|---|
| A | Ev sahibi ile görüşmek istiyorum, mümkün mü? | 집 주인과 만나보기를 원합니다, 가능합니까? |
| B | Tabi. | 물론입니다. |
| A | Kira sözleşmesi yapmak istiyorum. | 월세 계약을 하고자 합니다. |
| B | Tabi! Şurayı imzalayın, lütfen! | 물론이지요! 여기에 사인을 하세요. |
| A | İnternet'te kiralık ev ilanlarına bakalım mı? | 인터넷에서 월세 광고를 볼까요? |
| B | Çok iyi bir fikir. | 아주 좋은 생각이지요. |

## Aile ve Akrabalık ile İlgili İfadeler
### 가족과 친척에 대한 표현



| | | |
|---|---|---|
| A | Evli misiniz? | 기혼이신가요? |
| B | Evet, evliyim. | 네, |
| A | Kaç çocuğunuz var? | 자녀가 몇 명이지요? |
| B | İki. Bir oğlum, bir de kızım var. | 둘이고, 아들 하나와 딸이 있어요. |
| A | Eşiniz ne iş yapıyor? | 당신의 배우자는 무슨 일을 합니까? |
| B | Eşim ev hanımı. / Eşim asker. | 내 아내는 가정 주부입니다. / 내 남편은 군인입니다. |
| A | Kocanız ne iş yapıyor? | 당신의 남편은 무엇을 합니까? |
| B | Kocam özel bir şirkette mühendis olarak çalışıyor. | 내 남편은 사기업에서 엔지니어로 일합니다. |
| A | Karınız Fransızca biliyor mu? | 당신의 아내가 불어를 아세요? |
| B | Hayır, İngilizce biliyor. | 아닙니다, 영어를 알아요. |
| A | Babanız emekli mi? | 당신의 아버지는 퇴직하셨어요? |
| B | Evet, iki yıl önce emekli oldu. | 네, 2년 전에 퇴직하셨어요. |
| A | Anneniz çalışıyor mu? | 당신의 어머니가 일을 하세요? |
| B | Hayır, annem ev hanımı. | 아닙니다, 어머니는 가정주부입니다. |
| A | Kaç kardeşin var? | 네 형제가 몇이니? |
| B | İki kardeşim var. Bir ağabeyim, bir de ablam. | 두 명이야. 형 한 명, 누나 한 명. |

| | | |
|---|---|---|
| A | Teyzenizin kaç çocuğu var? | 당신의 이모는 자녀가 몇이지요? |
| B | İki çocuğu var. Kuzenlerim Volkan ve Yasemin. | 자녀가 둘입니다. 사촌(이종)이 Volkan과Yasemin입니다. |
| A | Ağabeyinizin çocukları var mı? | 당신 형의 자녀들이 있어요? |
| B | Evet, üç yeğenim var. Bir kız, iki erkek. | 네, 조카 셋이 있습니다. 여자 하나, 남자 둘. |
| A | Oğlunuz ne iş yapıyor? | 당신의 아들이 무엇을 하나요? |
| B | Oğlum bir bankada memur. | 내 아들은 은행 사무원입니다. |
| A | Büyükbabanız yaşıyor mu? | 할아버지께서 생존하십니까? |
| B | Evet, o 75 yaşında, ama babaannem iki yıl önce vefat etti. | 네, 그 분은 75세이고, 그러나 친할머니는 2년전에 돌아가셨습니다. |
| A | Babanlar kaç kardeş? | 네 아버지 형제는 몇이지? |
| B | Babamlar üç kardeş. `Bir amcam, bir de halam var. | 내 아버지 형제는 셋인데, 삼촌 한 분과 고모 두 분입니다. |
| A | Annenler kaç kardeş? | 네 어머니는 형제가 몇이셔? |
| B | Annemler dört kardeş. Bir dayım, iki de teyzem var. | 내 어머니 형제는 네 분이고 외삼촌 한 분과 이모 두 분입니다. |
| A | Anneannenizin kaç torunu var? | 당신 외할머니의 손자, 손녀들이 몇이지요? |
| B | Anneannemin üç erkek, iki de kız torunu var. | 외할머니는 손자 셋과 손녀 둘을 두셨어요. |

# III. Dil Bilgisi

## 1 Belirsiz Geçmiş Zaman: -mİş (-mış, -miş, -muş, -müş)

불가시적 과거 시제의 어미

**a) Olumlu (+):** 긍정

(Ben) *fiil* + **-mİşİm** → (Ben) *gel***mişim**
(Sen) *fiil* + **-mİşsİn** → (Sen) *dön***müşsün**
(O) *fiil* + **-mİş** → (O) *otur***muş**
(Biz) *fiil* + **-mİşİz** → (Biz) *öğren***mişiz**
(Siz) *fiil* + **-mİşsİnİz** → (Siz) *yap***mışsınız**
(Onlar) *fiil* + **-mİşlAr** → (Onlar) *çalış***mışlar**

**b) Olumsuz (—):** 부정

(Ben) *fiil* + **-mAmİşİm** → (Ben) *gel***memişim**
(Sen) *fiil* + **-mAmİşsİn** → (Sen) *dön***memişsin**
(O) *fiil* + **-mAmİş** → (O) *otur***mamış**
(Biz) *fiil* + **-mAmİşİz** → (Biz) *öğren***memişiz**
(Siz) *fiil* + **-mAmİşsİnİz** → (Siz) *yap***mamışsınız**
(Onlar) *fiil* + **-mAmİşlAr** → (Onlar) *çalış***mamışlar**

## ② Sıra Sayı Sıfatları: 서수

| | | | |
|---|---|---|---|
| 1. | birinci | 첫 번째 | 비린지 |
| 2. | ikinci | 두 번째 | 이킨지 |
| 3. | üçüncü | 세 번째 | 위췬쥐 |
| 4. | dördüncü | 네 번째 | 되르뒨쥐 |
| 5. | beşinci | 다섯 번째 | 베쉰지 |
| 6. | altıncı | 여섯 번째 | 알튼즈 |
| 7. | yedinci | 일곱 번째 | 예딘지 |
| 8. | sekizinci | 여덟 번째 | 세키진지 |
| 9. | dokuzuncu | 아홉 번째 | 도쿠준주 |
| 10. | onuncu | 열 번째 | 오눈주 |
| 11. | on birinci | | |
| 12. | on ikinci | | |
| | ......... | | |
| 19. | on dokuzuncu | | |
| 20. | yirminci | | |
| | ......... | | |
| 28. | yirmi sekizinci | | |
| 30. | otuzuncu | | |
| 40. | kırkıncı | | |
| 50. | ellinci | | |
| 60. | altmışıncı | | |
| 70. | yetmişinci | | |

80. sekseninci

90. doksanıncı

100. yüzüncü

205. iki yüz beşinci

502. beş yüz ikinci

807. sekiz yüz yedinci

1020. bin yirminci

1030. bin otuzuncu

1993. bin dokuz yüz doksan üçüncü

2003. iki bin üçüncü

## VII. Alıştırmalar

**01** Aşağıdaki cümlelerde boşlukları **belirsiz geçmiş zaman** ekleriyle doldurunuz.

1) ( + ) (Ben) evden aceleyle çıktım. Uçak biletimi evde unut_____ .
2) ( + ) (Sen) dün sinemaya git_____ . Annen söyledi.
3) ( + ) (O) İstanbul'a yalnız dön_____ . Telefonda söyledi.
4) ( + ) (Biz) saat ona kadar uyu_____ . Saate bakınca anladık.
5) ( + ) (Siz) pasaportunuzu düşür_____ . Yolda buldum.
6) ( + ) (Onlar) yeni bir ev al_____ . Kardeşim söyledi.
7) (—) Gazetede okudum. Başbakan Ankara'ya geç_____ .
8) (—) Aaa! Ahmet, bu saate kadar yemek ye_____ .
9) (—) Bu çocuk bugüne kadar annesini gör_____ .
10) (—) Yarın Ali'nin sınavı var, ama hiç çalış_____ .
11) (—) Funda'dan duydum. Kore'de baklava yok____ .
12) (—) Bakın! Kimse gel____ .

**02** Aşağıdaki sayıları **yazı**yla yazınız.

1) 21. ____________________
2) 23. ____________________
3) 34. ____________________
4) 37. ____________________
5) 42. ____________________

6) 48. ____________________

7) 55. ____________________

8) 51. ____________________

9) 134. ____________________

10) 546. ____________________

11) 2340. ____________________

12) 5009. ____________________

## Akraba ve Hediye (친척과 선물)

Adım Hacer. İstanbulluyum. İki erkek ve bir kız kardeşim var. Ben evliyim, kardeşlerim ise bekar. Kocam Ankaralı. İstanbul'da büyük bir inşaat şirketinde mühendis olarak çalışıyor. Ben de başka bir şirkette sekreterim.

On gün sonra Ramazan Bayramı. Bayram için kardeşlerime, eşime, anneme, babama, kaynanama ve kayınbabama hediyeler almak için bugün alışverişe çıktım. Bu nedenle, müdürden iki saat izin aldım. Sabah erkenden çarşıya gittim. Birçok mağaza dolaştım, ama kime ne alacağıma karar veremedim. Bunun için, eşime telefon ettim, o da alışveriş için yanıma geldi. Birlikte erkek kardeşlerime birer gömlek aldık. Yavuz'a düz, mavi, Serhat'a ise yeşil, kareli bir gömlek. Kız kardeşim Nalan'a da kahverengi bir kazak beğendik. Ben kendi anne ve babama birer çift ayakkabı aldım. Eşim de kendi annesine bir çanta, babasına ise bir kravat beğendi. Daha sonra eşim tekrar işyerine döndü. Ben de eşime bir hediye almak için başka bir mağazaya girdim. Bu mağazadan eşim için çok güzel bir pantolon aldım ve işyerime döndüm.

Bayramın ilk günü, genellikle eşimin anne babasının evinde toplanır, birlikte kahvaltı yaparız. Bu bayramda da hediyeleri herkese sabahleyin, kahvaltıdan hemen sonra vermek istiyoruz. Dilerim, herkes hediyesini beğenir.

| | |
|---|---|
| adım | 내 이름 |
| İstanbullu | 이스탄불 사람 |
| kardeşim var | 내 형제가 있다 |
| ben evliyim | 나는 기혼자이다 |
| kardeş | 형제 |
| bekar | 미혼 |
| kocam Ankaralı | 내 남편은 앙카라 사람 |
| inşaat şirketinde | 건축회사 |
| mühendis olarak | 엔지니어로서 |
| çalışıyor | 근무한다 |
| başka bir şirkette | 다른 회사에서 |
| sekreter | 비서 |
| Ramazan Bayramı | 라마잔(금식) 축 |
| kaynana | 장모, 시어머니 |
| kayınbaba | 시아버지, 장인 |
| hediyeler | 선물들 |
| alışverişe | 쇼핑 |
| müdürden | 사장으로부터 |
| izin aldım | 허락을 받다 |
| mağaza dolaştım | 나는 상점을 돌아다녔다 |
| karar veremedim | 나는 결정을 내리지 못했다 |
| gömlek | 셔츠 |
| düz | 평면의, 무늬가 없는 |
| yeşil kareli | 푸른 체크 무늬 |
| kahverengi | 커피 색 |
| kazak | 스웨터 |
| kravat | 넥타이 |
| işyeri | 직장 |
| hediye | 선물 |
| genellikle | 일반적으로 |
| dilemek | 바라다 |

ÜNİTE
VIII

# SAATLER GÜNLER AYLAR

# AHMET'İN BİR GÜNÜ

| | |
|---|---|
| **Serap** | Sabahları kaçta kalkıyorsun? |
| **Ahmet** | Hafta içi her gün saat yedide kalkıyorum.<br>Hafta sonu ona kadar uyurum. |
| **Serap** | Kahvaltı yapıyor musun? |
| **Ahmet** | Evet, saat yedi buçuk civarında kahvaltı yapıyorum. |
| **Serap** | İşe kaçta gidiyorsun? |
| **Ahmet** | Saat sekizde evden çıkıyorum.<br>Sekizi çeyrek geçe otobüse biniyorum, sekiz buçukta işyerime varıyorum. |
| **Serap** | Öğle tatiliniz saat kaçta? |
| **Ahmet** | Öğlen saat on ikiden on üçe kadar tatil. |
| **Serap** | Mesai saat kaçta bitiyor? |
| **Ahmet** | Beş buçukta. |
| **Serap** | Eve kaçta geliyorsun? |
| **Ahmet** | Genellikle altı buçuk civarında dönüyorum. |
| **Serap** | Peki, kaçta yatıyorsun? |
| **Ahmet** | On bir civarında. |

## 아흐멧의 하루

**Serap** 아침에 너 몇 시에 일어나니?

**Ahmet** 주중에 매일 7시에 일어나.

주말에는 10시까지 나는 잠을 자(uyu-r-um).

**Serap** 아침 식사를 하니?

**Ahmet** 응, 7시 반쯤 나는 아침 식사를 해.

**Serap** 직장에 몇 시에 가니?

**Ahmet** 8시에 집에서 출발해.

8시 15분에 버스를 타고, 8시 반에 직장에 도착해.

**Serap** 점심 시간 휴식은 몇 시에?

**Ahmet** 정오 12시부터 13시까지 휴식이지.

**Serap** 근무 시간이 몇 시에 끝나니?

**Ahmet** 5시 반에.

**Serap** 집에 몇 시에 오니?

**Ahmet** 일반적으로 6시 반쯤 돌아와.

**Serap** 좋아, 몇 시에 잠자리에 드니?

**Ahmet** 11시 쯤에.

# DERS PROGRAMI

| | |
|---|---|
| **Yasemin** | Volkan, yarın birlikte sinemaya gidelim mi? |
| **Volkan** | Yarın mı? Üzgünüm, yarın pazartesi, matematik sınavım var. |
| **Yasemin** | Matematik sınavı, salı günü değil mi? |
| **Volkan** | Hayır, salı günü fizik sınavı var. |
| **Yasemin** | Peki, sinemaya hangi gün gidebiliriz? |
| **Volkan** | Bir dakika, ders programıma bakayım...<br>Çarşamba günü tüm gün dersim var.<br>Perşembe günü İngilizce sınavım var.<br>Ama cuma günü öğleden sonra boşum. |
| **Yasemin** | Aaa! cuma günü öğleden sonra da benim bir sınavım var.<br>Cumartesiye ne dersin? |
| **Volkan** | Cumartesi bir programım yok, ama pazar günü babaanneme gideceğim. Söz verdim. |
| **Yasemin** | O zaman, cumartesi saat ikiye çeyrek kala sinemanın önünde buluşalım. |
| **Volkan** | Tamam! Cumartesi görüşürüz! |

## 수업 시간표...

**Yasemin** 볼칸(Volkan), 내일 함께(birlikte) 영화(보러) 갈까?

**Volkan** 내일? 미안해. 내일, 월요일, 수학 시험이 있어.

**Yasemin** 수학 시험, 화요일에 있지 않아?

**Volkan** 아니, 화요일에 물리 시험이 있어.

**Yasemin** 좋아, 영화(관)에 어느 날 우리 갈 수 있을까?

**Volkan** 잠깐(Bir dakika), 수업 시간표를 볼께.
수요일 하루 종일 수업이 있어.
목요일 영어 시험이 있고.
그러나, 금요일 오후에 아무 것도 없어.

**Yasemin** 아! 금요일 오후에 내게 시험이 있어.
토요일은 어때?

**Volkan** 토요일에 어떤 계획도 없어, 그러나 일요일에 친할머니에게 가야 돼. 난 약속했거든.

**Yasemin** 그러면, 토요일 2시 15분 전에 영화관 앞에서(sinemanın önünde) 만나자.

**Volkan** 됐어. 토요일에 우리 보자!

# AYLAR, MEVSİMLER



**Çocuk** Anne hava ne zaman ısınacak. Evde çok sıkılıyorum.

**Anne** Oğlum, bugün 15 Aralık, yani kış mevsimindeyiz.
Aralık, ocak ve şubat ayları kış mevsimidir.
Havalar soğuk olur. İki ay sonra bahar gelecek.

**Çocuk** Peki, ağaçlar ne zaman çiçek açacak?

**Anne** Ağaçlar ilkbahar mevsiminde, yani mart, nisan ve mayıs aylarında çiçek açar.

**Çocuk** Sonra da yaz mı gelir, anne?

**Anne** Evet, haziran, temmuz ve ağustos ayları yaz aylarıdır.
Hava çok sıcak olur.

**Çocuk** Peki, biz ne zaman tatile çıkacağız?

**Anne** Herkes genellikle yazın tatile çıkar.
Bu yıl, biz de temmuz ayında tatile çıkacağız.
Çünkü, baban temmuz ayında izin alacak.

**Çocuk** Yaşasın! Temmuzda denize gireceğim, bol bol yüzeceğim.

**Anne** Yaz tatilini iyi değerlendir. Çünkü yaz üç ay sürer.
Daha sonra, eylül, ekim ve kasım ayları gelir. Yani...

**Çocuk** Yani sonbahar mı gelir, anne?

**Anne** Evet, oğlum. Yazdan sonra sonbahar gelir.

달(月)과 계절들.....

Çocuk 엄마, 날씨가 언제 따뜻해져요. 집에서 아주 지루해요.

Anne 얘야(내 아들아), 오늘이 12월 15일, 즉 겨울이야(*kış*: 겨울, mevsim: 계절).

12월, 1월, 2월의 겨울이지.

날씨가 춥다. 두 달 뒤에 봄이 올거야.

Çocuk 좋아요, 나무에서는 언제 꽃이 피지요?

Anne 꽃들은 봄에 , 즉 3, 4, 5월에 꽃들이 핀단다.

Çocuk 나중에 여름이 와요, 엄마?

Anne 응, 6, 7, 8월이 여름에 (해당하는) 달이다.

날씨가 매우 덥게 되지.

Çocuk 그래요, 우리는 언제 휴가를 떠나지요?

Anne 모두가 일반적으로 여름에 휴가를 떠난다.

내년에, 우리도 7월에 휴가를 떠날 예정이다.

왜냐하면, 아빠가 7월에 휴가를 받을 거야.

Çocuk 만세! 7월에는 바다에 들어 가야지, 많이 많이 수영해야지.

Anne 여름 방학을 잘 활용해라. 왜냐하면, 여름이 3 개월 지속된다.

그 뒤에는 9, 10, 11월 달이 온다. 즉.....

Çocuk 즉, 가을이 오지요, 엄마?

Anne 그래, 얘야. 여름 다음에 가을이 온다.

# I. Kelime Bilgisi



| | |
|---|---|
| ağustos | 8월 |
| aralık | 12월 |
| boş | 빈, 한가한, 여유있는 |
| buçuk | 절반, 2분의 1 |
| buluşmak | 만나다 |
| civarında | 쯤, 가까이, 부근에 |
| cuma | 금요일 |
| cumartesi | 토요일 |
| çarşamba | 수요일 |
| çeyrek | 4분의 1의, 15분 |
| çiçek | 꽃 |
| çiçek açmak | 꽃이 피다 |
| dakika | 분 |
| değerlendirmek | 평가하다, 가치를 매기다 |
| ekim | 10월 |
| eylül | 9월 |
| fizik | 물리 |
| geçe | 경과해서, 지나서 |
| hafta içi | 주중 |
| hafta sonu | 주말 |
| hava | 날씨 |
| haziran | 6월 |
| ısınmak | 더워지다 |
| ilkbahar | 봄 |
| işyerime varıyorum | 직장에 나는 도착한다 |
| izin almak | 휴가를 얻다, 허락, 승락을 받다 |
| kahvaltı | 아침 식사 |
| kala | ~전에, 남겨두고 |
| kalkmak | 일어서다, 출발하다 |
| kasım | 11월 |

| | |
|---|---|
| kış | 겨울 |
| kışın | 겨울에 |
| kız | 딸 |
| mart | 3월 |
| matematik | 수학 |
| mayıs | 5월 |
| mesai | 근무, 작업, 노동, Mesai saat: 근무시간 |
| nisan | 4월 |
| ocak | 1월 |
| öğle(n) | 정오 |
| öğle tatili | 정오 휴식 |
| öğleden sonra | 오후 |
| ön | 앞 |
| pazar | 일요일 |
| pazartesi | 월요일 |
| perşembe | 목요일 |
| program | 계획 |
| sabahları | 아침나절 |
| salı | 화요일 |
| sıkılmak | 지루하다, 지치다 |
| sınav | 시험 |
| sonbahar | 가을 |
| söz vermek | 약속하다 |
| sürmek | 지속하다, 걸리다 |
| şubat | 2월 |
| temmuz | 7월 |
| üzgün | 염려스러운, 근심이 되는 |
| tüm gün | 하루 종일 |
| yarım | 절반 |
| yaz | 여름 |
| yazın | 여름에 |

## Saatlerle İlgili İfadeler
시간과 관련된 표현



| | | |
|---|---|---|
| A | Affedersiniz! Saat kaç acaba? | 미안하지만, 몇 시입니까? |
| B | Saat şu an dokuz. | 현재 9시입니다. |
| A | Affedersiniz! Saatiniz var mı? | 미안하지만, 몇 시입니까? |
| B | Saat on buçuk. | 열시 반입니다. |
| A | Saat kaçta okula gidiyorsun? | 너 몇 시에 학교에 가니? |
| B | Saat sekiz buçukta okula gidiyorum. | 나 8시 반에 학교에 가. |
| A | İşe kaçta başlıyorsun? | 몇 시에 일을 시작하니? |
| B | İşe saat dokuzda başlıyorum. | 나 9시에 일을 시작해. |
| A | Market saat kaçta açılıyor? | 마켓이 몇 시에 시작합니까? |
| B | Sabah dokuz buçukta açılıyor. | 아침 9시 반에 시작합니다. |
| A | Türkçe dersi saat kaçta başlıyor? | 터키어 수업이 몇 시에 시작해요? |
| B | Türkçe dersi saat onda başlıyor. | 터키어 수업이 10시에 시작해요. |

| | | |
|---|---|---|
| A | Günde kaç saat ders çalışıyorsun? | 하루에 몇 시간 너는 공부하니? |
| B | Günde ortalama iki saat ders çalışıyorum. | 하루에 평균 두 시간 공부해. |
| A | Saat kaçtan kaça kadar çalışıyorsun? | 몇 시부터 몇 시까지 일하세요? |
| B | Sabah saat dokuzdan akşam saat altıya kadar çalışıyorum. | 아침 9시부터 저녁 6시까지 일합니다. |
| A | Hafta sonları saat kaçta kalkıyorsun? | 주말에 너 몇 시에 일어나니? |
| B | Hafta sonları saat onda kalkıyorum. | 주말에 난 10시에 일어나. |
| A | Öğle tatiliniz saat kaçla kaç arası? | 정오 휴식시간이 몇 시와 몇 시 사이야? |
| B | Öğle tatilimiz saat on iki - on üç arası. | 정오 휴식 시간이 12 - 13시 사이야. |

## Günlerle İlgili İfadeler
요일과 관련된 표현



| | | |
|---|---|---|
| A | Bugün günlerden ne? | 오늘 무슨 요일이지요? |
| B | Bugün cumartesi. | 오늘 토요일입니다. |
| A | Yarın günlerden ne? | 내일 무슨 요일이지요? |
| B | Yarın pazar | 내일 일요일입니다. |
| A | Türkiye'ye hangi günler uçak var? | 터키에 어느 날 비행기가 출발해요? |
| B | Salı ve cuma günleri. | 화, 금요일. |
| A | Bize hangi gün geleceksiniz? | 우리에게 어느 날 오십니까? |
| B | Çarşamba günü geleceğiz. | 수요일 오겠어요. |
| A | Dün günlerden neydi? | 어제가 무슨 요일이었지요? |
| B | Dün cumaydı | 어제 금요일이었습니다. |
| A | Hafta içi hangi gün dersin yok? | 주중에 어느 날 네 수업이 없니? |
| B | Hafta içi salı günü dersim yok. | 주중에 화요일에 내 수업이 없어. |
| A | Hafta sonu çalışıyor musun? | 주말에 너 일하니? |
| B | Hafta sonu sadece cumartesi günleri çalışıyorum. | 주말에는 단지 토요일에만 난 일해. |

| | | |
|---|---|---|
| A | Pazar günü pikniğe gidelim mi? | 일요일에 소풍 갈까요? |
| B | Çok iyi olur. Pazar günü boşum. | 참 좋아요. 일요일에 아무 일이 없어요. |
| A | Müdürle randevun hangi gün? | 사장님과 약속이 어느 날이지? |
| B | Müdürle pazartesi günü randevum var. | 사장님과 월요일에 약속이 있어. |
| A | Doktora ne zaman gideceksin? | 의사에게 언제 갈 예정이지? |
| B | Doktora bu hafta çarşamba günü gideceğim. | 의사에게 이번 주 수요일에 가겠습니다. |
| A | Perşembe günü alışverişe çıkalım mı? | 목요일에 쇼핑하러 갈까요? |
| B | Olabilir. Perşembe günü bir programım yok. | 가능해요. 수요일에 (내) 계획이 없어요. |
| A | Cuma günü ne yapacaksın? | 금요일에 무엇을 합니까? |
| B | Bir arkadaşla sinemaya gideceğim. | 친구와 영화관에 갈 겁니다. |

## Aylar ve Mevsimlerle İlgili İfadeler
월(月), 계절과 관련된 표현



| | | |
|---|---|---|
| A | Hangi aydayız? | 지금 무슨 달이지요? |
| B | Şubat ayındayız. | 2월입니다. |
| A | Türkiye'de okullar ne zaman açılıyor? | 터키에서 학교가 언제 개학합니까? |
| B | Türkiye'de okullar eylülde açılıyor. | 터키에서 학교가 9월에 개학합니다. |
| A | Hangi ayda tatile çıkacaksın? | 몇 월에 넌 휴가를 떠나니? |
| B | Haziran ayında tatile çıkacağım. | 6월에 난 휴가를 가. |
| A | Türkiye'ye ne zaman gideceksin? | 터키에 언제 가니? |
| B | Türkiye'ye ocak ayında gideceğim. | 터키에 1월에 갈거야. |
| A | Kore'ye ne zaman döneceksiniz. | 한국에 언제 돌아갑니까? |
| B | Kore'ye 20 Martta döneceğim. | 한국에 3월 20일에 돌아갈 예정이지요. |
| A | Doğum günün ne zaman? | 네 생일이 언제지? |
| B | Doğum günüm 26 Mayıs. | 내 생일이 5월 26일이지. |
| A | Sen ne zaman doğdun? | 넌 언제 출생했어? |
| B | Ben 8 Nisan 1979'da doğdum. | 난 1979년 4월 8일에 태어났어. |

| | | |
|---|---|---|
| A | Doğum tarihiniz nedir? | 출생일이 언제이지요? |
| B | 17 Ocak 1969. | 1969년 1월 17일입니다. |
| A | İngiltere'ye ne zaman döneceksiniz? | 영국에 언제 돌아갑니까? |
| B | Kışın döneceğim. | 겨울에 돌아갑니다. |
| A | En çok hangi mevsimi seversin? | 어느 계절을 넌 가장 좋아하니? |
| B | En çok sonbaharı severim. | 가을을 가장 좋아해. |

ÜNİTE VIII

## 1 Saatler

**Saat kaç?**

**Saat ... ... var.**

Saat kaç? (09:55)

Saat ona beş *var.*

**Saat kaç?**

**Saat ... ... geçiyor.**

Saat kaç? (10:05)

Saat onu beş *geçiyor.*

**Saat kaçta ...?**

**Saat ... ... kala ... .**

Saat kaçta işe geldin? (09:55)

Saat ona beş ***kala*** işe geldim.

**Saat kaçta ...?**

**Saat ... ... geçe ... .**

Saat kaçta uyandın? (10:05)

Saat onu beş **geçe** uyandım.

### ※ SAAT KAÇ?
### SAAT KAÇTA ...?

07:15 Saat yediyi çeyrek (on beş) geçiyor.
Saat yediyi çeyrek geçe uyandım.

12:30 Saat on iki buçuk.
Saat on iki buçukta yemek yedim.

Saat on iki otuz.
Uçak, saat on iki otuzda inecek.

14:23 Saat ikiyi yirmi üç geçiyor
Saat ikiyi yirmi üç geçe gelecek.

Saat on dört yirmi üç.
Saat on dört yirmi üçte gidecek.

02:45 Saat üçe çeyrek (on beş) var.
Film, saat üçe çeyrek kala bitti.

11:30 Saat on bir buçuk.
Saat on bir buçukta otobüse bindim.

18:57 Saat yediye üç var.
Saat yediye üç kala eve girdik.

Saat on sekiz elli yedi.
Saat on sekiz elli yedide buluştuk.

## 2 Günler 요일

| | | |
|---|---|---|
| pazartesi | 월요일 | 파자르테시 |
| salı | 화요일 | 살르 |
| çarşamba | 수요일 | 차르샴바 |
| perşembe | 목요일 | 페르쉠베 |
| cuma | 금요일 | 주마 |
| cumartesi | 토요일 | 주마르테시 |
| pazar | 일요일 | 파자르 |

## ③ Aylar ve Mevsimler

**Aylar** 달(월)

| | | |
|---|---|---|
| 1월 | ocak | 오작 |
| 2월 | şubat | 슈밧 |
| 3월 | mart | 마르트 |
| 4월 | nisan | 니산 |
| 5월 | mayıs | 마이으스 |
| 6월 | haziran | 하지란 |
| 7월 | temmuz | 테무즈 |
| 8월 | ağustos | 아우스토스 |
| 9월 | eylül | 에일륄 |
| 10월 | ekim | 에킴 |
| 11월 | kasım | 카슴 |
| 12월 | aralık | 아랄륵 |

**Mevsimler** 계절

| | | |
|---|---|---|
| ilkbahar | 봄 | 일크바하르 |
| yaz | 여름 | 야즈 |
| sonbahar | 가을 | 손바하르 |
| kış | 겨울 | 크쉬 |

### a) Aralık-Ocak-Şubat: KIŞ

Aralık ayında (Aralıkta) Ankara'ya kar yağar.
Ocak ayında (Ocakta) hava çok soğuktur.
Şubat ayında (Şubatta) her yerde kar vardır.

Kışın her yere kar yağar.

Kışın her yer bembeyazdır.

Kışın İstanbul'da hava genellikle soğuk olur.

| 12. Aralık | 1. Ocak | 2. Şubat |
|---|---|---|
| Kış |  | |

**b) Mart-Nisan-Mayıs: İLKBAHAR (BAHAR)**

Mart ayı (Mart) geldi, (ilk)bahar geldi.

Nisan ayında (Nisanda) bol bol yağmur yağar.

Mayıs ayında (Mayısta) çiçekler açar.

İlkbaharda ağaçlar çiçek açar.

İlkbaharda her yer yeşil olur.

İlkbaharda çok yağmur yağar.

| 3. Mart | 4. Nisan | 5. Mayıs |
|---|---|---|
| İlkbahar |  | |

**c) Haziran-Temmuz-Ağustos: YAZ**

Haziran ayında (Haziranda) havalar yavaş yavaş ısınır.

Temmuz ayında (Temmuzda) genellikle tatile çıkılır. Çünkü okullar tatildir.

Ağustos ayında (Ağustosta) denize gireriz. Çünkü hava ve deniz sıcaktır.

Yazın hava çok sıcak olur.

Yazın çok lezzetli meyveler vardır.

Yazın herkes tatile çıkar.

| 6. Haziran | 7. Temmuz | 8. Ağustos |
|---|---|---|
| Y a z |  | |

**d) Eylül-Ekim-Kasım: SONBAHAR**

Eylül ayında (Eylülde) okullar açılır.

Ekim ayında (Ekimde) ağaçlar yapraklarını döker.

Kasım ayında (Kasımda) hava soğumaya başlar. Ağaçlarda yaprak kalmaz.

Sonbaharda hava ne soğuk, ne sıcak olur.

Sonbaharda sokaklar dökülmüş yapraklarla doludur.

Bence sonbahar en güzel mevsimdir.

| 9. Eylül | 10. Ekim | 11. Kasım |
|---|---|---|
| Sonbahar |  | |



## 4 Zaman Zarfları : 시간 표현

| | | |
|---|---|---|
| akşam | 저녁에 | 악샴 |
| bu ay | 이번달 | 부 아이 |
| bu hafta | 이번 주 | 부 하프타 |
| bu sene | 금년 | 부 세네 |
| bugün | 오늘 | 부귄 |
| dün | 어제 | 뒨 |
| ertesi gün | 모레 | 에르테시 귄 |
| evvelki gün | 그저께 | 에 키 귄 |
| geceleyin | 밤에 | 게제레인 |
| geçen ay | 지난달 | 게첸 아이 |
| geçen hafta | 지난주 | 게첸 하프타 |
| geçen sene | 작년 | 게첸 세네 |

| | | |
|---|---|---|
| gelecek ay | 다음달 | 겔레젝 아이 |
| gelecek hafta | 다음주 | 겔레젝 하프타 |
| gelecek sene | 내년 | 겔레젝 세네 |
| her gün | 매일 | 헤르 귄 |
| her zaman | 항상 | 헤르 자만 |
| iki gün önce | 이틀 전 | 이키 귄 왼제 |
| iki gün sonra | 이틀 후 | 이키 귄 손라 |
| öğleden sonra | 오후에 | 외일레덴 손라 |
| sabahleyin | 아침에 | 사바흐레인 |
| yarın | 내일 | 야른 |

## VIII. Alıştırmalar

**01** Aşağıdaki sorulara cevap veriniz. Rakamları harflerle yazınız.

1) 01:24 Saat kaç? Saat ______________________.
2) 02:18 Saat kaç? Saat ______________________.
3) 03:15 Saat kaç? Saat ______________________.
4) 04:30 Saat kaç? Saat ______________________.
5) 05:35 Saat kaç? Saat ______________________.
6) 06:45 Saat kaç? Saat ______________________.
7) 07:50 Saat kaç? Saat ______________________.
8) 08:11 Saat kaç? Saat ______________________.
9) 09:58 Saat kaç? Saat ______________________.
10) 10:27 Saat kaç? Saat ______________________.
11) 11:40 Saat kaç? Saat ______________________.
12) 12:10 Saat kaç? Saat ______________________.

**02** Aşağıdaki sorulara cevap veriniz. Rakamları harflerle yazınız.

1) 13:12 Saat kaçta işten çıkacak?
Saat ____________________.
2) 12:35 Saat kaçta okula döndü?
Saat ____________________.

3) 17:45 Saat kaçta metroya bindi?

Saat ____________________ .

4) 15:30 Sinemaya saat kaçta gitmiş?

Sinemaya saat ____________ .

5) 22:15 Parti saat kaçta başlayacak?

Parti saat ________________ .

6) 21:21 Lokanta saat kaçta kapandı?

Lokanta saat ______________ .

7) 10:38 Müdür saat kaçta geldi?

Müdür saat _______________ .

8) 13:23 Bankaya saat kaçta vardın?

Bankaya saat _____________ .

9) 03:34 Bebek saat kaçta uyanmış?

Bebek saat _______________ .

10) 02:05 Saat kaçta işten döndü?

Saat ____________________ .

11) 07:15 Saat kaçta kahvaltı yapar?

Saat ____________________ .

12) 05:25 Saat kaçta doktora gitmiş?

Saat ____________________ .

## Çocuk ve Televizyon (어린이와 텔레비전)

Sizce çocuklar ne zaman televizyon seyretmeye başlarlar? Dokuz aylıkken. Evet, çocuklar dokuz aylıkken televizyon seyretmeye başlarlar. Ses ve görüntü onlara çok ilginç gelir. Bu yüzden saatlerce televizyon izleyebilirler. Bir yaşında reklamları sevmeye başlarlar. Çünkü özellikle reklamların müziklerine bayılırlar. Araştırmacılar, çocukların günde bir iki saat kadar televizyon seyredebileceklerini söylüyorlar. Erkek çocuklar ve kız çocuklar farklı programları izlerler. Kızlar komik ve duygusal çizgi filmleri, erkekler ise daha çok macera ve şiddet ağırlıklı filmleri tercih ederler. Bazı anne ve babalar çocukları televizyonun karşısında yalnız bırakırlar. Bu nedenle çocuklar şiddet ağırlıklı programları da izlerler. Psikologlar, ebeveynleri "*Çocuklarınız tek başına televizyon izlemesinler.*" diye uyarıyorlar.

Çocuklar ekran karşısında genelde hareketsiz kalırlar ve sürekli çikolata, bisküvi gibi şeyler atıştırırlar. Hareketsiz kaldıkları ve sağlıksız beslendikleri için sağlıklı gelişemezler. Bütün bunların yanı sıra, televizyonun çocuklar üzerindeki olumlu etkilerini de unutmayalım. Onlar, hayatı ekranda tanır, ekrandakileri örnek alırlar. Bunun için çocukların televizyon izleme saatlerini dikkatli seçelim

| | |
|---|---|
| reklamların müzikleri | 광고 음악 |
| araştırmacılar | 연구자들 |
| seyretmek | 감상하다 |
| seyredebileceklerini | 감상하는 것을(그들이) |
| komik | 코메디, 희극의 |
| duygusal | 감정적, 감상적 |
| çizgi filmleri | 만화영화 |
| macera ve şiddet | 모험과 폭력 |
| psikologlar | 심리학자들 |
| ebeveyn | 부모, 양친 |
| ekran karşısında | 화면 앞에서 |
| genelde | 일반적으로 |
| hareketsiz kalırlar | 꼼짝않고 앉아있다, 움직이지 않고 머물다 |
| bisküvi | 비스킷, 과자 |
| olumlu etki | 긍정적 영향 |
| örnek | 본보기, 견본 |
| örnek almak | 본받다 |
| dikkatli | 신중하게, 조심스럽게 |

ÜNİTE
IX

# YER– YÖN TARİFİ

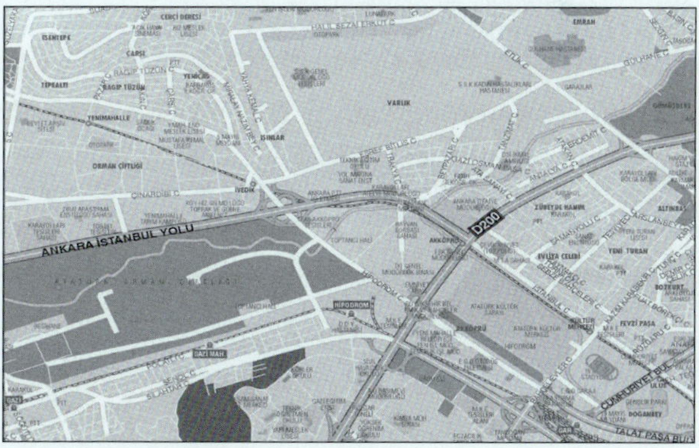

# YENİ EVİN ADRESİ



**Burak** Eviniz hayırlı olsun! Yeni eviniz nerede?

**Banu** Teşekkürler. Yeni evimiz şehir merkezinde, Kolej'de.

**Burak** Çok iyi. Yarın size gelmek istiyoruz. Müsait misiniz?

**Banu** Tabi, müsaitiz. Gelirseniz, çok seviniriz.

**Burak** Adresinizi tarif edebilir misin?

**Banu** Otobüsle mi, metroyla mı geleceksiniz?

**Burak** Otobüsle geleceğiz. Kaç numaralı otobüse binmeliyiz?

**Banu** 220 numaralı otobüse binin, Kurtuluş Parkı durağında inin.

Daha sonra karşıya geçin, VakıfBank'ı göreceksiniz.

Oradan sola dönün ve yaklaşık yüz metre sonra soldaki ilk sokağa girin.

Evimiz, sağdan üçüncü apartmanda, ikinci kat, 7 numaralı daire.

**Burak** Tam adresinizi de alabilir miyim?

**Banu** Tabi! Kıbrıs Caddesi, Samur sokak, Numara 30/7, Kolej

**Burak** Tamam! Adresinizi yazdım. Sanırım kolayca bulabiliriz.

**Banu** O halde, yarın bekliyoruz.

**Burak** Tamam! Yarın akşam görüşmek üzere!

새 집의 주소.....

| | |
|---|---|
| Burak | 네 집, 행운이 있길! 새 집이 어디에 있어? |
| Banu | 고마워, 우리 새 집 시내 중심에, 콜레지에. |
| Burak | 아주 좋군. 내일 네 집에 가기를 원해. 괜찮니? |
| Banu | 물론, 우리는 괜찮아. 온다면, 아주 우리는 기쁠거야. |
| Burak | 네 주소를 설명해 줄 수 있니? |
| Banu | 버스로, 또는 지하철로 올거야? |
| Burak | 버스로 갈거야. 몇 번 버스를 우리가 타야만 하지? |
| Banu | 220번 버스에 타, 쿠르툴우쉬 파크(Kurtuluş Parkı) 정거장에서 내려. 그 뒤에 맞은 편으로 건너가. 와크프 방크( VakıfBank) 를 네가 보게 될거야. 그곳에서 왼쪽으로 돌아 그리고 대략 100 미터 뒤에 왼쪽의 첫 번째 길로 들어가. 우리집이 오른쪽에서 세 번째 아파트야, 2층에 7번 집. |
| Burak | 정확한 네 주소를 받을 수 있을까? |
| Banu | 물론! Kıbrıs Caddesi, Samur sokak, Numara 30/7, Kolej |
| Burak | 됐어. 네 주소를 적었어. 내 색각으로 쉽게 찾을 수 있을 것 같아. |
| Banu | 그러면, 내일 우리가 기다리겠어. |
| Burak | 좋아! 내일 저녁에 볼 수 있기를! |

ÜNİTE IX

# TAKSİ DURAĞINDA

| | |
|---|---|
| **Taksi Şoförü** | Buyurun bayan, yardımcı olabilir miyim? |
| **Bayan** | Affedersiniz, yakınlarda İş Bankası var mı acaba? |
| **Taksi Şoförü** | İş Bankası... İş Bankası...<br>Evet, evet, iki sokak arkada bir şubesi var. |
| **Bayan** | Oraya nasıl gidebilirim? Tarif edebilir misiniz? |
| **Taksi Şoförü** | Elbette. Bu yolun sonundan sola dönün.<br>Sağdan ikinci sokağa girin.<br>Oradan karşıya geçin. Köşede büyük bir lokanta göreceksiniz.<br>İş Bankası lokantanın 20 metre kadar ilerisinde. |
| **Bayan** | O sokağın adını biliyor musunuz? |
| **Taksi Şoförü** | Yanılmıyorsam, Başak Sokak. |
| **Bayan** | Yardımınız için teşekkürler! Hayırlı işler! |
| **Taksi Şoförü** | Rica ederim! Kolay gelsin! |

## TAKSİ DURAĞINDA

택시 정류장에서....

| | |
|---|---|
| **Taksi Şoförü** | 말씀하세요, 숙녀(아가씨), 내가 도와드릴까요? |
| **Bayan** | 죄송합니다만, 이 근처에 이쉬 은행(İş Bankası)이 있나요, 혹시? |
| **Taksi Şoförü** | İş Bankası... İş Bankası...<br>네, 네, 두 개의 골목을 지나서 지점 하나가 있어요. |
| **Bayan** | 그곳에 어떻게 갈 수 있나요? 설명해 주실 수 있으세요? |
| **Taksi Şoförü** | 물론이지요, 이 길 끝에서 왼쪽으로 도세요.<br>오른쪽의 두 번째 길로 들어가세요.<br>그곳에서 맞은 편으로 건너세요. 모퉁이에 커다란 식당을 보실 겁니다.<br>이쉬 은행(İş Bankası)이 식당에서 20 미터 전방에 (있어요). |
| **Bayan** | 그 길의 이름을 아십니까? |
| **Taksi Şoförü** | 실수하지 않는다면, 바샥 소칵(Başak Sokak). |
| **Bayan** | 당신의 도움에 대해서 감사합니다! 행운이 있으시길 바랍니다! |
| **Taksi Şoförü** | 천만에요. 잘 하세요! (길 쉽게 찾으시길). |

| | |
|---|---|
| **Turist** | İyi günler, Memur Bey! |
| **Polis Memuru** | İyi günler! Buyurun! |
| **Turist** | Buradan Kocatepe Camisine nasıl gidebilirim? |
| **Polis Memuru** | Burası Ulus. Buradan otobüsle veya metroyla gidebilirsiniz. |
| **Turist** | Metroyla nasıl gidebilirim acaba? |
| **Polis Memuru** | Sağda 50 metre ileride Ulus İstasyonu var. Oradan metroya binin ve Kızılay İstasyonunda inin. |
| **Turist** | Hangi kapıdan çıkacağım? |
| **Polis Memuru** | Kocatepe Camisine en yakın çıkış Karanfil Sokak çıkışı.<br>O kapıdan çıkın, bir yere sapmadan 50 metre yürüyün. Meşrutiyet Caddesine geleceksiniz. O caddeden karşıya geçin ve sola dönün. Yaklaşık 30 metre sonra başka bir cadde göreceksiniz. O cadde Mithatpaşa Caddesi. O caddeden sağa, yukarı doğru yürüyün. Camiyi karşınızda göreceksiniz. |
| **Turist** | Teşekkür ederim, Memur Bey! İyi günler! |
| **Polis Memuru** | Rica ederim! Size de iyi günler! |

길에서....

| | |
|---|---|
| **Turist** | 안녕하세요, 경찰관님! |
| **Polis Memuru** | 안녕하세요! 말씀하세요! |
| **Turist** | 여기에서 코자테페 자미(Kocatepe Camisi: 코자테페 모스크)에 어떻게 갑니까? |
| **Polis Memuru** | 여기는 울루수. 이곳에서 버스 또는 지하철로 당신이 갈 수 있습니다. |
| **Turist** | 지하철로 어떻게 갈 수 있나요, 혹시? |
| **Polis Memuru** | 오른쪽에 50 미터 전방에 Ulus 정거장(İstasyonu)이 있어요. 그곳에서 지하철에 타세요. 그리고 크즐라이 정거장에서 내리세요. |
| **Turist** | 어떤 출구(kapı: 출입문, 문, 출구)로 나가나요? |
| **Polis Memuru** | 코자테페 자미에 가장 가까운 출구(çıkış)는 Karanfil Sokak 출구(입니다).<br>그 출구에서 나가세요. 어떤 곳으로 꺽지 말고 50 미터 걸으세요. 메쉬루티예트(Meşrutiyet) 대로에 도착하십니다. 그 대로에서 맞은 편으로 건너세요. 그리고 왼쪽으로 (sola) 도세요. 약 30 미터 후에 다른 대로를 보실 겁니다. 그 대로가 미트하트파샤 대로입니다(Mithatpaşa Caddesi).<br>그 대로에서 오른 편 위쪽으로 똑 바로 걸으세요.<br>모스크를 당신 맞은 편에서(karşınızda) 보실겁니다. |
| **Turist** | 감사합니다, 경찰관님! 좋은 하루가 되길 바랍니다. |
| **Polis Memuru** | 천만에요! 당신에게도 좋은 하루! |

# I. Kelime Bilgisi

| | |
|---|---|
| arka | 뒤, 배후 |
| aşağı | 밑, 아래 |
| bay | ~씨, 신사 |
| bayan | ~양, ~부인, ~여사 |
| cadde | 길, 도로 |
| cami | 모스크 |
| daire | 사무실, 호(아파트의) |
| ileri | 전방, 앞 |
| inmek | 내리다 |
| istasyon | 정거장(기차, 전철) |
| durak | 정거장 |
| kapı (çıkış) | 문 (출구) |
| karşı | 맞은 편, 반대 편, karşıya geçin : 맞은 편으로 가세요. |
| kolay | 쉬운, 용이한 |
| kolay gelsin | 잘 하세요, 쉽게 풀리기를 바랍니다. |
| köşe | 모퉁이, 모서리, 구석 |
| merkez | 중앙 |
| metre | 미터 |
| metro | 지하철 |
| müsait | 알맞은, 편리한 |
| sağ | 오른편 |
| sağdaki | 오른편에 있는 |
| sapmak | 바꾸다, 꺾다 |
| sokak | 길, 좁은 길 |
| sol | 왼편 |
| soldaki | 왼편에 있는 |
| şehir | 도시 |
| şube | 지점 |
| tarif etmek | 설명하다, 묘사하다 |

| | |
|---|---|
| yardımcı olmak | 도와주다 |
| yakın | 가까운 |
| yakınlarda | 근처에, 가까운 곳에 |
| yaklaşık | 대략, 대강의 |
| yanılmak | 실수하다, 잘못하다 |
| yol | 길, 도로 |
| yukarı | 위, 상부 |
| yürümek | 걷다, 보행하다 |

## Yer-Yön Tarifinde Kullanılan İfadeler
장소와 방향 설명에서 사용되는

| | | |
|---|---|---|
| A | Affedersiniz, Kızılay'a nasıl gidebilirim? | 미안하지만, 크즐라이에 어떻게 갑니까? |
| B | Kızılay'a gitmek için, 220 numaralı otobüse binmelisiniz. | 크즐라이에 가려면 220번 버스에 타야합니다. |
| A | Affedersiniz, buralarda hastane var mı, acaba? | 미안하지만 이 근처에 병원이 있어요, 혹시? |
| B | Evet. En yakın hastane bu caddenin sonunda. | 네. 가장 가까운 병원이 이 도로의 끝에 (있어요) |
| A | Affedersiniz, buralarda ucuz ve temiz bir pansiyon biliyor musunuz? | 미안하지만 이 근처에 싸고 깨끗한 펜션을 알고 계십니까? |
| B | Şehir Merkezinde Çiçek Pansiyon var, taksiyle gidebilirsiniz. | 도심지에 치첵 펜션이 있어요, 택시로 가실 수 있어요. |
| A | Affedersiniz, havaalanına nasıl gidebilirim? | 미안하지만, 공항에 내가 어떻게 갈 수 있나요? |
| B | Ulus'tan Havaş otobüslerine binebilirsiniz. | 울루스에서 Havaş 버스를 타실 수 있어요. |
| A | Bir şey sorabilir miyim? Buradan Anıtkabir'e yürüyerek gidebilir miyim? | 하나 물어볼 수 있어요? 여기에서 Anıtkabir에 걸어서 갈 수 있어요? |
| B | Tabi! Anıtkabir buradan yürüyerek 15 dakika. | 물론이지요! Anıtkabir는 여기서 걸어서 15분입니다. |

| | | |
|---|---|---|
| A | Affedersiniz, yakınlarda postane var mı? | 미안하지만 이 근처에 우체국이 있어요? |
| B | Evet. Bu yolun sonunda, köşede bir postane var. Kızılay Postanesi. | 네. 이 길 끝 모퉁이에 우체국이 있어요. 크즐라이 우체국. |
| A | Affedersiniz, elimdeki adresi tarif edebilir misiniz? | 미안하지만, 이 주소를 설명해 주실 수 있어요? |
| B | Tabi! Adrese bakayım... | 물론이지요! 주소를 봅시다. |
| A | Adresinizi alabilir miyim? | 당신의 주소를 받을(적을) 수 있을까요? |
| B | Tabi! Yazın... | 물론이지요! 적으세요. |
| A | Affedersiniz, Çankaya'ya metro var mı? | 미안하지만, Çankaya에 지하철이 갑니까? |
| B | Maalesef, metro yok, ama otobüsle gidebilirsiniz. | 안됐지만, 지하철이 없어요. 그러나 버스로 가실 수 있어요. |
| A | Affedersiniz, Dikmen için dolmuş durağı nerede? | 미안하지만, Dikmen에 가는 합승 정류장이 어디에 있어요? |
| B | Karşıda bir park var, Güven Park. Dolmuş durakları o parkın arkasında. | 맞은 편에 공원이 있어요, 합승 정류장이 그 공원 뒤에 (있어요.) Güven 공원. |
| A | Affedersiniz, Kore Elçiliğinin adresini biliyor musunuz? | 미안하지만, 한국 대사관 주소를 아십니까? |
| B | Alaçam Sokak No: 5 Çankaya-ANKARA | 알라참 소 5번지 찬카야-앙카라 |

ÜNİTE IX

# III. Dil Bilgisi

## 1 Yer ve Yön Zarfları

장소와 방향을 나타내는 부사

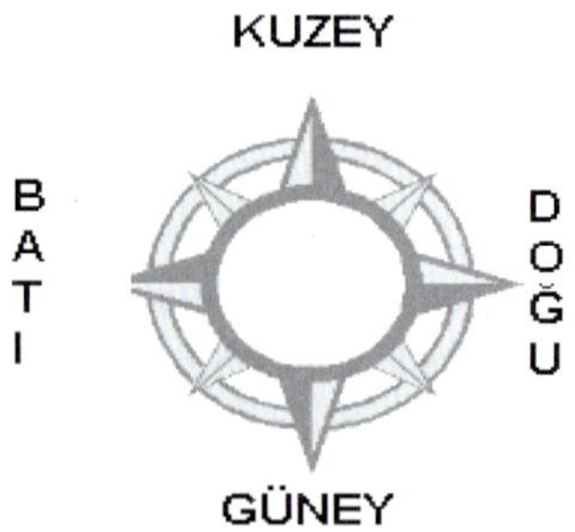


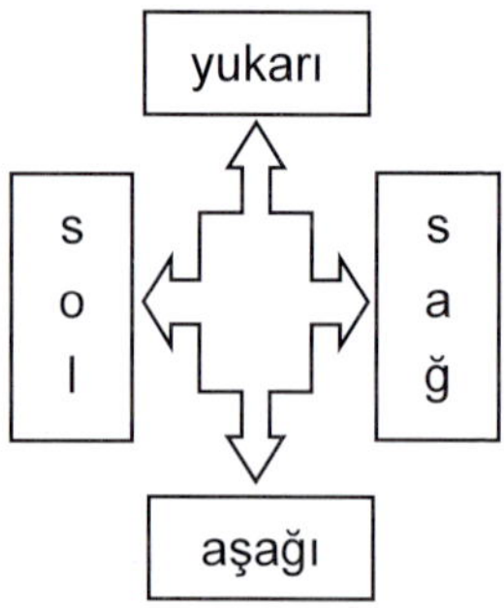


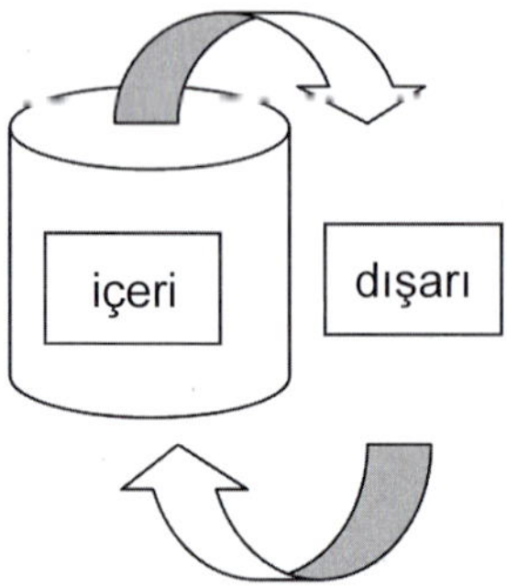


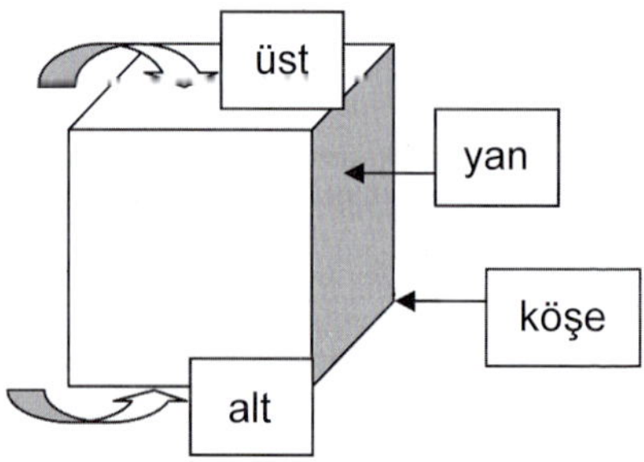

## ② Uyarı Panoları: 알림판(경고판)

| | | |
|---|---|---|
| Açık | 개점 | 아츠 |
| Bayanlar | 숙녀용 | 바얀라르 |
| Baylar | 신사용 | 바이라르 |
| Boş | 비어있음 | 보쉬 |
| Çekiniz | 당기세요 | 체키니즈 |
| Çıkış | 출구 | 츠크쉬 |
| Danışma | 안내 | 다느쉬마 |
| Dikkat! | 주의 | 디카트 |
| Dur! | 정지 | 두르 |
| Fotoğraf çekilmez! | 사진 촬영 금지 | 포토으라프 체킬메즈 |
| Giriş serbesttir | 입장 무료 | 기리쉬 세르베스트티르 |
| Giriş | 입구 | 기리쉬 |
| Girmek yasaktır! | 출입금지 | 기르멕 야삭트르 |
| İmdat çıkışı | 비상구 | 임다트 츠크쉬 |
| İtiniz | 미세요 | 이티니즈 |
| Kapalı | 폐점 | 카팔르 |
| Kiralık | 렌트 | 키랄륵 |
| Meşgul | 사용 중 | 메쉬굴 |
| Park yeri | 주차장 | 파르크 예리 |
| Satılık | 판매용 | 사틀륵 |
| Sigara içilmez! | 금연 | 시가라 이칠메즈 |
| Tehlike! | 위험 | 테흘리케 |
| Tuvalet | 화장실 | 투왈레트 |
| Yavaş! | 천천히 | 야와쉬 |
| Yayalar | 인도 | 야야라르 |
| Yüzmek yasaktır! | 수영금지 | 위즈메크 야삭트르 |

## IX. Alıştırmalar

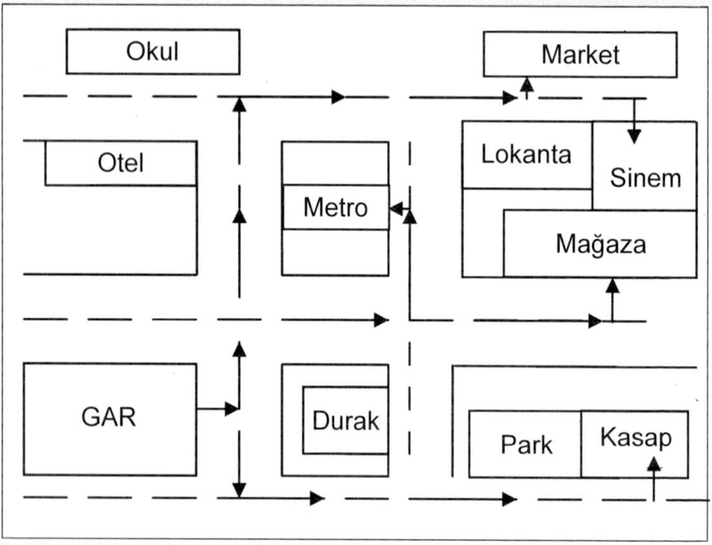


01 Aşağıdaki yerleri **emir kipi** kullanarak tarif ediniz!

1) Gar → Market
2) Gar → Sinema
3) Gar → Mağaz
4) Gar → Kasap
5) Gar → Metro

ÜNİTE

X

# BANKADA

# BANKADA HESAP AÇTIRMA

| | |
|---|---|
| Banka Memuru | Buyurun, Beyefendi! Hoş geldiniz! |
| Turist | Hoş bulduk! |
| Banka Memuru | Nasıl yardımcı olabilirim? |
| Turist | Bankanızda hesap açtırmak istiyorum. |
| Banka Memuru | Tabi, Beyefendi! Döviz hesabı mı, Türk Lirası hesabı mı? |
| Turist | Dolar hesabı açtırmak istiyorum. |
| Banka Memuru | Elbette!.. Pasaportunuzu alabilir miyim? |
| Turist | Buyurun! |
| Banka Memuru | Şu formu doldurun, lütfen! |
| Turist | Formu doldurdum, başka bir işlem var mı? |
| Banka Memuru | Evet. Şurayı imzalamanız gerekiyor. |
| Turist | Tabi! |
| Banka Memuru | Hesabınız açıldı. |
| Turist | Bankanızda hesap açtırmak çok kolaymış! |
| Banka Memuru | Teşekkürler, Beyefendi! Para yatırmak istiyor musunuz? |
| Turist | Evet, 1000$ yatıracağım. Buyurun! |
| Banka Memuru | 1000$'ı hesabınıza işledim. Buyurun, hesap defteriniz! Bu da dekontunuz. |
| Turist | Teşekkür ederim! |
| Banka Memuru | Rica ederim! |
| Turist | İyi çalışmalar! |
| Banka Memuru | İyi günler! |

은행에서 계좌 개설하기...

| | |
|---|---|
| Banka Memuru | 들어 오세요, 신사! 어서 오세요! |
| Turist | 만나서 반갑습니다. |
| Banka Memuru | 어떻게 도와드릴까요? |
| Turist | 귀 은행에서 계좌를 열기를 원합니다. |
| Banka Memuru | 물론이지요, 신사! 달러 계좌인가요, 터키 리라(Türk Lirası) 계좌인가요? |
| Turist | 달러 계좌 개설을 원합니다. |
| Banka Memuru | 물론이지요! ... 당신의 여권을(Pasaportunuzu) 을 받을 수 있을까요? |
| Turist | 여기요! |
| Banka Memuru | 저기 양식을 기록하세요, 미안하지만요! |
| Turist | 양식을 채웠습니다. 다른 절차가 있나요? |
| Banka Memuru | 네, 여기에 싸인이 필요합니다. |
| Turist | 물론이지요. |
| Banka Memuru | 당신의 계좌가 개설됐습니다. |
| Turist | 귀 은행에서 계좌를 여는 것이 매우 쉽군요! |
| Banka Memuru | 감사합니다, 신사! 돈을 예금하기를 원하십니까? |
| Turist | 네, 1000$ 를 저금하겠습니다. 여기요! |
| Banka Memuru | 1000$'를 당신 계좌로 처리가 쉽습니다. 여기 있어요, 당신의 통장! 또한 명세서요. |
| Turist | 감사합니다! |
| Banka Memuru | 천만에요. |
| Turist | 즐거운 근무 시간 되세요! |
| Banka Memuru | 좋은 하루를 기원합니다.! |

| | |
|---|---|
| Banka Memuru | Buyurun! Nasıl yardımcı olabilirim? |
| Müşteri | Yurtdışından havale gelecekti. Bakabilir misiniz? |
| Banka Memuru | Hesap defterinizi ve kimliğinizi alabilir miyim? |
| Müşteri | Elbette! Buyurun! |
| Banka Memuru | Biraz bekleteceğim... Evet, havaleniz gelmiş. |
| Müşteri | Ne kadar gelmiş acaba? |
| Banka Memuru | 2500$. Ne kadar çekeceksiniz? |
| Müşteri | 1500$ çekeceğim. |
| Banka Memuru | Türk Lirasına çevirmek istiyor musunuz? |
| Müşteri | Hayır, Dolar olarak almak istiyorum. |
| Banka Memuru | 1500$ için 40$ havale masrafı alıyoruz. |
| Müşteri | Olur! |
| Banka Memuru | Buyurun! 1.460 Dolarınız ve dekontunuz. |
| Müşteri | Teşekkür ederim! İyi günler! |
| Banka Memuru | Rica ederim! İyi günler! |

해외에서 송금...

| | |
|---|---|
| Banka Memuru | 어서 오세요! 어떻게 도와드릴까요? |
| Müşteri | 해외에서 송금이 왔을 텐데요. 알아보실 수 있으세요? |
| Banka Memuru | 귀하의 통장과 신분증을 받을 수 있겠습니까? |
| Müşteri | 그럼요! 여기요! |
| Banka Memuru | 잠깐 기다리셔야 됩니다.... 네!, 송금이 왔군요. |
| Müşteri | 얼마나 왔나요, 혹시? |
| Banka Memuru | 2500 달러요. 어느 정도 인출하시겠어요? |
| Müşteri | 1500 달러를 인출하겠어요. |
| Banka Memuru | 터키 리라로 환전하시겠어요? |
| Müşteri | 아닙니다, 달러로 받고자 합니다. |
| Banka Memuru | 1500 달러에 40달러 송금 비용을 받습니다. |
| Müşteri | 괜찮아요! |
| Banka Memuru | 여기요! 1460 달러와 명세서입니다. |
| Müşteri | 감사합니다. 좋은 하루를 기원합니다. |
| Banka Memuru | 천만에요! 좋은 하루 되세요! |

# DÖVİZ BÜROSUNDA

| | |
|---|---|
| **Veznedar** | Hoş geldiniz! Buyurun. |
| **Müşteri** | Şu anki Dolar kurunu öğrenebilir miyim? |
| **Veznedar** | Şu an 1 Amerikan Doları 1,3380 Türk Lirası ediyor. |
| **Müşteri** | Aaa! Dün Dolar kuru çok yüksekti. Bugün düşmüş. |
| **Veznedar** | Evet, dün 1 Amerikan Doları 1,5500 Türk Lirası ediyordu. |
| **Müşteri** | Maalesef bugün 500$ bozdurmalıyım. |
| **Veznedar** | Tabi! Bir dakika, lütfen!.. Buyurun! 500$ karşılığı 669 Türk Liranız. |
| **Müşteri** | Teşekkür ederim! Dekontumu alabilir miyim? |
| **Veznedar** | Tabi! Buyurun, dekontunuz.<br>Başka bir işlem yapmak istiyor musunuz? |
| **Müşteri** | Peki, Avro kuru nedir? |
| **Veznedar** | 1 Avro, şu an, 1,6140 Türk Lirası. |
| **Müşteri** | Aa! Avro yükselmiş. Dün daha düşüktü.<br>400 Avro bozdurayım o zaman. |
| **Veznedar** | 400 Avro... Buyurun, 400 Avro karşılığı 645 Lira, 6 Kuruş.<br>Bu da makbuzunuz. |
| **Müşteri** | Teşekkür ederim! İyi çalışmalar! |
| **Veznedar** | Teşekkürler! İyi günler! |

환전소에서

**Veznedar** 어서 오세요! 말씀하세요.

**Müşteri** 현재 달러 환율을 알아볼 수 있나요?

**Veznedar** 현재 미화 1 달러가 1,3380 터키 리라(Türk Lirası) 입니다.

**Müşteri** 아! 어제 달러 환율이 높았는데, 오늘 떨어졌군요.

**Veznedar** 네, 어제 미화 1 달러가 1,550 터키 리라였어요.

**Müşteri** 안됐지만, 오늘 500 달러를 환전해야 합니다.

**Veznedar** 물론! 잠깐요. 미안하지만! 여기요! 500 달러 에 대한 669 터키 리라입니다 .

**Müşteri** 감사합니다. 내 명세서를 받을 수 있나요?

**Veznedar** 물론이지요! 여기요, 귀하의 명세서입니다.
다른 것을 또 처리하고자 하세요?

**Müşteri** 좋아요, 유로화 환율은 어때요?

**Veznedar** 1 유로가 현재, 1,6140 터키 리라입니다.

**Müşteri** 아! 유로화가 올랐군요. 어제는 더 떨어졌는데.
400 유로 바꾸겠어요, 그러면.

**Veznedar** 400 유로..... 여기요, 400 유로에 대한 645 리라 6 쿠루쉬(Kuruş)요.
이것은 귀하의 영수증요.

**Müşteri** 감사합니다! 좋은 근무 시간을 기원합니다.

**Veznedar** 감사합니다! 좋은 날을 기원합니다!

| | |
|---|---|
| Avro | 유로화 |
| banknot | 지폐 |
| bekletmek | 기다리게 하다 |
| bozdurmak | 잔돈으로 바꾸다, 부수게 하다 → döviz bozdurmak |
| büro | 사무실, 사무소 |
| çevirmek | 바꾸다, 환전하다, 돌리다 |
| dekont | 명세서, 지급서 |
| Dolar | 달러 |
| doldurmak | 채우다, 기록하다 |
| döviz | 외환 |
| döviz bozdurmak | 환전하다 |
| döviz bürosu | 환전소 |
| düşük | 하락한, 내린, 떨어진 |
| elbette! | 정확히, 물론, 확실히 |
| etmek | ~하다, 실행하다 |
| form | 양식, 형태 |
| gerekmek | 필요로 하다 |
| havale | 송금하다 |
| havale masrafı | 송금 경비, 송금 수수료 |
| hesap açtırmak | 계좌를 열다 |
| hesap defteri | 계좌 통장 |
| imzalamak | 서명하다, 사인하다 |
| işlem | 절차, 진행, 처리 |
| işlemek | 처리하다, 작업하다, 경영하다 |
| karşılık | 댓가, 반응 |
| kimlik | 신분증 |

| | |
|---|---|
| kur | 환율 |
| kuruş | 쿠루쉬 |
| makbuz | 영수증 |
| olur! | 좋아, 가능한 |
| para bozdurmak | 잔돈으로 바꾸다 |
| para çekmek | 인출하다 |
| para yatırmak | 저금하다, 예금하다 |
| pasaport | 여권 |
| şu an | 현재 |
| şu anki | 현재의 |
| Türk Lirası | 터키 리라 |
| yurtdışı | 국외, 해외 |
| yükselmek | 오르다, 상승하다 |

## Bankacılık İşlemleri İçin Kullanılan İfadeler
은행업무 처리와 관련된 표현

| | | |
|---|---|---|
| A | Buralarda banka var mı acaba? | 이 근처에 은행이 있어요? |
| B | Evet, bu caddenin sonunda, köşede Akbank var. | 네, 이 도로 끝 모퉁이에 Akbank가 있어요. |
| A | Bankalar saat kaçta açılıyor? | 은행이 몇 시에 엽니까? |
| B | Saat dokuzda açılıyor. | 9시에 엽니다. |
| A | Bankalar saat kaçta kapanıyor? | 은행이 몇 시에 닫습니까? |
| B | Saat beş buçukta kapanıyor. | 5시 반에 닫습니다. |
| A | Bankanızda Avro hesabı açtırmak istiyorum. | 이 은행에 유로화 계좌를 열기 원합니다. |
| B | Tabi! Pasaportunuzu alabilir miyim? | 좋아요! 당신의 여권을 볼 수 있을까요? |
| A | Hesabımı kapatmak istiyorum. | 계좌를 해약하기(닫기)를 원합니다. |
| B | Tabi! Kimliğinizi rica edeyim. | 물론이지요! 신분증을 부탁합니다. |

| | | |
|---|---|---|
| A | Kredi kartı başvurusunda bulunmak istiyorum. | 신용카드를 신청하고자 합니다. |
| B | Tabi! Şu formu doldurun, lütfen! | 물론이지요! 이 양식에 기록하세요, 미안하지만요! |
| A | Yakınlarda ATM var mı acaba? | 근처에 자동지급기가 있어요? |
| B | Evet, caddenin arkasında bir Bankamatik var. | 네, 도로 뒤편에 자동지급기가 있어요. |
| A | Faturalarım için otomatik ödeme talimatı vermek istiyorum. | 청구서에 대한 자동지급신청을 하고자 합니다. (Talimat: 지시, 지침) |
| B | Tabi! Kimliğiniz ve faturalarınız, lütfen! | 물론에요! 신분증과 청구서를 (주세요), 미안하지만요. |
| A | Bu işlem için ne kadar havale ücreti alıyorsunuz? | 일 처리를 위해서 얼마의 송금 수수료를 받습니까? |
| B | % 3 havale masrafı alıyoruz. | 3%의 송금 비용을 받습니다. |

ÜNİTE X

## Döviz Bozdurma İşlemleri İçin Kullanılan İfadeler

환전 처리를 위해 사용되는 표현

| | | |
|---|---|---|
| A | Bankanızda döviz bozdurabilir miyim? | 귀 은행에서 달러를 바꿔줍니까? |
| B | Tabi, efendim! Dolar mı, Avro mu? | 네, 손님! 달러 또는 유로화입니까? |
| A | Yakınlarda döviz bürosu var mı, acaba? | 근처에 환전소가 있어요, 혹시? |
| B | Evet, Sakarya Caddesinde bir çok döviz bürosu var. | 네, 사카르야 도로에 환전소가 여러 개 있어요. |
| A | Doları nerede bozdurabilirim? | 달러를 어디에서 환전할 수 있어요? |
| B | Bankada veya döviz bürosunda bozdurabilirsiniz. | 은행이나 달러 환전소에서 바꿀 수 있습니다. |
| A | Döviz büroları kaçta açılıyor? | 달러 환전소가 언제 엽니까? |
| B | Genellikle dokuz buçukta açılıyor. | 일반적으로 9시 반에 엽니다. |
| A | Döviz bürosu saat kaça kadar açık? | 달러 환전소가 몇 시까지 일하지요(열립니까)? |
| B | Saat altı buçuğa kadar açık. | 환전소가 6시 반까지 일합니다. |

| | | |
|---|---|---|
| A | 200 Avro bozdurmak istiyorum. | 220 유로화를 바꾸려고 합니다. |
| B | Buyurun, 200 Avro karşılığı Türk Liranız ve dekontunuz. | 여기요, 200 유로에 해당하는 터키 리라와 명세서입니다. |
| A | Şu anki Dolar ve Avro kurlarını öğrenebilir miyim? | 현재의 달러와 유로화의 환율을 알 수 있겠어요? |
| B | 1 Amerikan Doları 1.3360 Türk Lirası, 1 Avro ise 1.6140 Türk Lirası. | 미화 1달러는 1.3360 터키 리라, 1유로화는 1.6140 터키 리라입니다. |
| A | 250 Dolar kaç Türk Lirası ediyor, acaba? | 250 달러는 터키 리라로 얼마입니까? |
| B | Şu an 334 Türk Lirası ediyor. | 현재 334 터키 리라입니다. |
| A | Türk Lirasını bozuk para olarak verebilir misiniz? | 터키 리라를 잔돈으로 주실 수 있습니까? |
| B | Tabi. | 물론이지요. |
| A | Döviz büroları pazar günleri açık mı? | 환전소가 일요일에도 열립니까? |
| B | Cumartesi günleri açık, ama pazar günleri kapalı. | 토요일에는 열리지만, 일요일에는 닫힙니다. |

## 1 İsim Cümlelerinde Belirli Geçmiş Zaman:

명사/형용사 + 가시적 과거시제 (접미동사 과거)

**İsim/Sıfat + (y)Dİ,** 명사/형용사 + (y)Dİ

| | | | | |
|---|---|---|---|---|
| kapalı | + | ydı | → | kapalıydı |
| güzel | + | di | → | güzeldi |
| mutlu | + | ydu | → | mutluydu |
| üzgün | + | dü | → | üzgündü |

Eve erken geldim. Kapı açıktı.
Geçen yıl tatilimiz çok eğlenceliydi.
Ahmet arabasından çok memnundu.
Bu adam geçen hafta gözlüklüydü.



## 2 İsim cümlelerinde Belirsiz Geçmiş Zaman:

명사/형용사 + 불가시적 과거시제 (접미동사 과거)

**İsim/Sıfat + (y)mİş,** 명사/형용사 + (y) mİş

sarı + ymış → sarıymış

| | | | | |
|---|---|---|---|---|
| Ahmet | + | miş | → | Ahmet'miş |
| tavuk | + | muş | → | tavukmuş |
| gözlüklü | + | ymüş | → | gözlüklüymüş |

Bu genç kadının kocası çok yaşlıymış

Mehmet'in arkadaşı Koreliymiş.

Bu yeni bir telefonmuş!

Onun kahvesi de sütlüymüş.

ÜNİTE X

## Paramızdan 6 sıfır atıldı

Bilindiği gibi, ülkemizde 1970'lerde başlayan yüksek enflasyon, bazı ekonomik değerlerin milyarlarla, trilyonlarla ve hatta katrilyonlarla ifade edilmesine neden olmuştur. Diğer taraftan, dünyadaki en büyük banknot (20.000.000) ülkemizde kullanılmaktaydı. Bu durum paramızın itibarını da olumsuz yönde etkilemekteydi. Bol sıfırlı rakamlar başta kasa işlemlerinde olmak üzere, muhasebe ve istatistik kayıtlarında, bilgi işlem programlarında ve ödeme sistemlerinde, fiyat etiketlemelerinde, benzin pompaları ve taksimetrelerde, yani hayatın birçok alanında da sorunlar yaratmaktaydı. Bu nedenle, paramızdan 6 sıfır atılması, hem psikolojik hem teknik bir ihtiyaç olarak karşımıza çıkmıştı. 1 Ocak 2005 tarihinden itibaren yeni para birimimizin ismi **Yeni Türk Lirası**dır (YTL). Yeni Türk Lirası'nın alt birimi **Yeni Kuruştur** (YKr). Bir Yeni Türk Lirası yüz Yeni Kuruşa eşittir. (1YTL= 100 YKr)

| | |
|---|---|
| Banknot | 지폐 |
| milyar | 10억 |
| trilyon | 조 |
| katrilyon | 천조 |
| hatta | 심지어 |
| katrilyon | 천조 |
| ifade edilmek | 설명되다 |
| banknot | 지폐 |
| itibar | 신용, 주목, 가치 |
| rakam | 숫자, 수 |
| kasa işlemleri | 계산(대) 절차 |
| muhasebe | 회계 |
| istatistik | 통계 |
| bilgi işlem programları | 정보처리 프로그램 |
| ödeme sistemleri | 지급 체계 |
| fiyat etiketi | 정가표 |
| benzin pompaları | 휘발유 펌프 |
| taksimetre | 택시 미터기 |
| 6 sıfır atılması | 6개의 0을 삭제하기 |
| psikolojik | 심리적, 정신적 |
| ihtiyaç | 필요, 요구 |
| birim | 단위, alt birimi: 아래 단위 |
| parasal rakamlar | 돈의 숫자 |
| eşit | 동일한 |

ÜNİTE XI

# HASTANE VE TEDAVİ

| | |
|---|---|
| **Doktor** | Geçmiş olsun! Şikayetiniz nedir? |
| **Hasta** | İki gündür öksürüyorum. Başım, boğazım, her tarafım ağrıyor, Doktor Bey. |
| **Doktor** | Ateşiniz var mı, peki? |
| **Hasta** | Evet, ateşim de var. Midem de bulanıyor. |
| **Doktor** | Hımm, önce ateşinizi ölçeyim··· Evet, ateşiniz 38 derece. Ağzınızı açın ve dilinizi çıkarın. Tamam. |
| **Hasta** | Neyim var, Doktor Bey? |
| **Doktor** | Emin değilim. Göğsünüzü ve sırtınızı da dinlemem lazım··· Derin nefes alın. Nefesinizi tutun. Tekrar derin nefes alın. Bırakın. Tamam |
| **Hasta** | Ciddi bir şeyim yoktur, inşallah! |
| **Doktor** | Sanırım, üşütmüşsünüz, Beyefendi. |
| **Hasta** | Öyle mi? Geçen hafta banyodan hemen sonra dışarı çıkmıştım. Galiba o zaman üşüttüm. |
| **Doktor** | Emin olmak için, kan ve idrar tahlili yaptırmanız gerekiyor. Bir de göğüs röntgeninizi isteyeceğim. |
| **Hasta** | Peki, Doktor Bey. |
| **Doktor** | Tahlil sonuçlarınızı ve röntgen filminizi bana getirin, size ilaç yazayım. |
| **Hasta** | Oldu, Doktor Bey. |
| **Doktor** | Geçmiş olsun! |
| **Hasta** | Teşekkürler! Görüşmek üzere! |
| **Doktor** | Tekrar geçmiş olsun! İyi günler! |
| **Hasta** | İyi günler! |

병원에서...

**Doktor** 회복이 되길 바래요. 아픈 데가 어딥니까?

**Hasta** 이틀 간 기침하고 있어요. 머리, 목, 모든 곳이 아픕니다, 의사 선생님.

**Doktor** 열이 있어요, 그러면?

**Hasta** 네, 열이 있구요 위도 메스꺼워요.

**Doktor** 음~, 먼저 당신의 열을(ateşinizi) 재 봅시다.... 네, 열이 30도인니다. 당신의 입을 벌리세요 그리고 혀를 내미세요, 됐어요.

**Hasta** 내 문제가 뭐예요, 선생님?

**Doktor** 확실하지 않군요. 가슴과 등을 들어볼 필요가 있어요... 깊이 숨을 들어 마시세요. 숨을 멈추세요(tutun). 다시 깊이 숨을 마시세요. 내 쉬세요.

**Hasta** 심각한 것은 없어요, 바라건대!

**Doktor** 내 생각으로는, 감기에 걸리셨어요, 신사분.

**Hasta** 그래요? 지난 주 목욕 직후 밖으로 나왔어요. 아마, 그 때 감기에 걸렸을 겁니다.

**Doktor** 확신하기 하기 위해서, 피와 소변 검사를 해야 합니다. 또한 가슴을 뢴트겐 촬영해야 하시는 것을 요청합니다.

**Hasta** 좋습니다, 의사 선생님.

**Doktor** 검사 결과와 뢴트겐 필름을 내게 가져 오세요, 당신에게 약을 처방해 드릴께요.

**Hasta** 알았어요, 선생님..

**Doktor** 쾌유를 빕니다!

**Hasta** 감사합니다! 또 봅시다!

**Doktor** 다시 쾌유를 빌겠어요. 잘 지내세요!

**Hasta** 잘 지내세요.

**Eczacı** Geçmiş olsun! Buyurun.

**Bayan** Sağ olun! Reçetedeki ilaçları alacaktım.

**Eczacı** Tabi, hemen! Ayakta kalmayın, lütfen. Şöyle oturun!

**Bayan** Sağ olun!

**Eczacı** Antibiyotik, tamam. Ağrı kesiciniz de tamam. Bir de ateş düşürücünüz var.
O da tamam.

**Bayan** Bu ilaçları yemekten önce mi, sonra mı alacağım?

**Eczacı** Yemek sonrası hepsinden birer tane alacaksınız.
Bu arada, beslenmenize dikkat edin.
Ağır ve yağlı yiyeceklerden kaçınmanız ve bol bol meyve yemeniz lazım.

**Bayan** Zaten hiçbir şey yiyemiyorum. Öyle kötüyüm ki, bir haftalık rapor aldım.

**Eczacı** Bununla geçmiş olsun! Şurayı imzalar mısınız?

**Bayan** Tabi!.. Borcum ne kadar?

**Eczacı** 15 Lira.

**Bayan** Şuradan alır mısınız?

**Eczacı** Buyurun, paranızın üstü ve fişiniz.
Tekrar geçmiş olsun, efendim.

**Bayan** Sağ olun! Hayırlı işler!

**Eczacı** İyi günler!

약국에서....

| | |
|---|---|
| Eczacı | 쾌유를 빕니다. 어서오세요. |
| Bayan | 감사합니다! 처방전에 있는 약을 사려합니다. |
| Eczacı | 물론이지요, 즉시! 서 있지 마세요, 미안하지만, 이쪽으로 앉으세요! |
| Bayan | 감사합니다! |
| Eczacı | 항생제, 됐구요. 진통제도 됐구요. 해열제도 있어요.<br>그것도 됐구요. |
| Bayan | 이 약들을 식사 전에 혹은 후에 먹을까요? |
| Eczacı | 식사 후에 모두 한 알씩(birer tane) 드세요.<br>그러는 동안에 영양 공급에도 주의하세요.<br>부담되는 그리고 기름기 많은 음식을 피하시고 아주 많이 과일을 드실 필요가 있어요. |
| Bayan | 좌우간 아무 것도 못 먹어요. 너무 아파서 (kötüyüm: 아파서), 일주일용 진단서를 받았어요. |
| Eczacı | 이것으로 회복되길 바래요! 여기에 사인을 해주시겠어요? |
| Bayan | 물론이지요!... 비용이 얼마이지요? |
| Eczacı | 15 리라. |
| Bayan | 이것을 받으시겠어요? |
| Eczacı | 여기요, 거스름 돈과 영수증요.<br>다시 회복을 빕니다, 손님. |
| Bayan | 감사합니다! 일이 잘 되길 바랍니다! |
| Eczacı | 좋은 하루 되시길 바랍니다! |

## I. Kelime Bilgisi

| | |
|---|---|
| ağır yiyecek | (위에)부담이 되는 음식 |
| ağız | 입 |
| ağrı kesici | 진통제 |
| ağrımak | 아파하다 |
| antibiyotik | 항생제 |
| ateş | 열 |
| ateş düşürücü | 해열제 |
| ayakta kalmak | 서서 있다 |
| ayak tedavisi | 서서 받는 치료(간단한 치료) |
| baş | 머리 |
| beslenme | 영양 공급, 양육 |
| bir şey | 어떤 하나, 어떤 문제 |
| boğaz | 목 |
| borç | 빚, 부채 |
| ciddi (önemli) | 심각한, 중요한 |
| derece | 도, 급, 등급 |
| derin nefes | 깊은 숨, 숨을 들여마시기 |
| dikkat edin | 주의하세요 |
| dil | 혀, 언어 |
| dil çıkarmak | 혀를 내밀다 |
| dinlemek | 쉬다, 휴식하다 |
| doktor | 의사 |
| eczacı | 약사 |
| eczane | 약국 |
| emin olmak | 믿다, 확신하다 |
| galiba | 아마도, 어쩌면 |
| geçmiş olsun! | 회복이 되기를! |
| Getirmek | 가져오다 |
| Göğüs | 가슴 |
| Hasta | 병, 환자 |

ÜNİTE XI

| | |
|---|---|
| İdrar | 소변, 오줌 |
| idrar tahlili | 소변 검사 |
| ilaç | 약 |
| inşallah! | 신이 원한다면! 원하건대 |
| kaçınmak | 피하다, 회피하다 |
| kan | 피, 혈액 |
| kan tahlili | 혈액 검사 |
| mide | 위 |
| midesi bulanmak | 위가 메스껍다, 구역질나다 |
| nefes | 숨, 호흡 |
| nefes almak | 호흡하다 |
| nefesi bırakmak | 숨을 내쉬다 |
| nefesi tutmak | 숨을 멈추다 |
| öksürmek | 기침하다 |
| ölçmek | 재다, 측정하다 |
| Öyle kötüyüm ki | 그처럼 내 상태가 나빠서 |
| rapor | 진단서, 보고서 |
| reçete | 처방전 |
| röntgen | 뢴트겐 촬영 |
| röntgen filmi | 뢴트겐 필름 |
| sağlık | 건강 |
| sırt | 등 |
| sonuç | 결과 |
| stetoskop | 청진기 |
| şikayet | 불만, 아픔, 통증, 문제 |
| şikayetiniz nedir? | 당신의 불만은 무엇이지요(아픈 데가 어디지요)? |
| tahlil | 분석, 검사 |
| tahlil yaptırmak | 검사하다 |
| tedavi | 치료 |
| tekrar | 다시, 한번 더 |
| üşütmek | 감기 걸리다 |
| zaten | 좌우간, 어쨌던 |

## Hastanede kullanılan ifadeler
병원에서 사용되는 표현

**Doktor - Hasta** (의사 - 환자)

| | | |
|---|---|---|
| A | Geçmiş olsun! | 회복을 기원합니다! |
| B | Teşekkür ederim. | 감사합니다. |
| A | Neyiniz var? | 당신의 문제가 뭐지요? |
| B | Kendimi iyi hissetmiyorum. | 내 상태가 좋지 않습니다. |
| A | Şikayetiniz nedir? | 아픈 데가 어디지요? |
| B | Başım dönüyor ve midem bulanıyor. | 머리가 어지럽고 메스껍습니다. (위가 거북하다) |
| A | Nereniz ağrıyor? | 어디가 아프지요? |
| B | Sırtım ve bacaklarım ağrıyor. | 어깨와 다리가 아픕니다. |
| A | Bu şikayetleriniz ne zamandan beri var? | 당신의 통증이 언제부터 있었어요? |
| B | İki haftadır. | 2주 동안. |
| A | Üstünüzü çıkarın. Sırtınızı ve göğsünüzü dinleyeceğim. | 윗도리를 벗으세요. 등과 가슴을 (청진기로) 들어보겠어요. |
| B | Peki. | 알겠어요. |

| | | |
|---|---|---|
| A | A diyin! | 아, 해보세요! |
| B | Aaa. | 아~. |
| A | Gözlerinizi iyice açın ve yukarı bakın. | 눈을 크게 뜨세요, 그리고 위를 보세요 |
| B | Tamam. | 됐어요. |
| A | Kan ve idrar tahlili yaptırın. | 혈액과 소변 검사를 하세요. |
| B | Nerede yaptıracağım? | 어디에서 해야하나요? |
| A | Gögüs röntgeni çektirin. | 흉부 뢴트겐 촬영하세요. |
| B | Nereye başvuracağım? | 어디에 문의해야 하지요? |
| A | Yağlı yemeklerden kaçının. | 기름진 음식을 멀리하세요. |
| B | Peki, Doktor Bey. | 네, 의사 선생님. |
| A | Hafif ve sulu gıdalar yiyin. | 가볍고(소화가 잘되는) 물기있는 음식을 드세요. |
| B | Çorba içebilir miyim? | 스프를 먹을 수 있어요? |
| A | Lifli gıdalar yemeli, etten uzak durmalısınız. | 섬유질이 있는 음식을 먹으세요. 고기를 멀리하세요. |
| B | Beyaz et yiyebilir miyim? | 흰색 고기(생선이나 닭고기)를 먹을 수 있어요? |
| A | Bu ilaçları aç karna almayın. | 이 약들을 빈 속에 먹지 마세요. |
| B | Öğün arasında alabilir miyim? | 식사 사이에 먹을 수 있어요? |

| | | |
|---|---|---|
| A | Şikayetiniz devam ederse tekrar gelin. | 통증이 계속되면 다시 오세요. |
| B | Peki, Doktor Bey. | 알았어요, 의사 선생님. |
| A | Ağrınız devam ederse bana tekrar gelin. | 아픔이 계속되면 내게 다시 오세요. |
| B | Peki, Doktor Bey. | 네, 의사 선생님. |
| A | Kahve, çay ve sigaradan uzak durun. | 커피, 차 그리고 담배를 멀리하세요. |
| B | Soğuk içecek içebilir miyim? | 찬 음료를 제가 마실 수 있어요? |

## Hasta-Doktor (환자 - 의사)

| | | |
|---|---|---|
| A | Neyim var, Doktor Bey? | 나에게 문제가 있어요, 의사 선생님? |
| B | Önemli bir şeyiniz yok? | 중요한 문제는 없어요. |
| A | Rahatsızlığım ciddi mi, Doktor Bey? | 내 병이 심각합니까, 의사 선생님? |
| B | Tahlillerden sonra anlayabiliriz. | 검사 후에 알 수 있어요. |
| A | Durumum ciddi mi, Doktor Bey. Ne dersiniz? | 내 상태가 심각해요, 선생님? 말해 주실래요? |
| B | Endişelenmeyin. Önemli bir rahatsızlığınız yok. | 염려하지 마세요. 중요한 병이 아닙니다. |
| A | Bana rapor verebilir misiniz, Doktor Bey? | 제게 진단서 주실 수 있습니까, 선생님? |
| B | Size ancak bir haftalık rapor verebilirim. | 당신에게 일주일용 진단서를 드리겠어요. |
| A | Reçeteye ağrı kesici de yazabilir misiniz, Doktor Bey? | 처방전에 진통제도 써주시는 거지요, 선생님? |
| B | Tabii, yazdım. | 물론, 썼지요. |
| A | Sonuçlar ne zaman çıkar, Doktor Bey? | 결과가 언제 나오지요, 선생님? |
| B | Bugün öğleden sonra. | 오늘 오후에요. |
| A | Sonuçlara ne zaman bakabilirsiniz, Doktor Bey? | 결과를 언제 볼 수 있을까요, 선생님? |
| B | Çıkar çıkmaz bakarım. | 나오자 마자 봅시다. |

| | | |
|---|---|---|
| A | Sonuçları yarın alsam olur mu? | 결과를 내일 받아도 되지요? |
| B | Olabilir. Yarın öğleden sonra gelin. | 됩니다. 내일 오후에 오세요. |
| A | İlacı yemeklerden sonra mı alayım? | 약을 식사 후에 먹을까요? |
| B | Evet, tok karna alın. | 네, 식후에 드세요. |

tok karna: (음식으로) 부른 배에

| | | |
|---|---|---|
| A | Ağrım geçerse ilacı keseyim mi? | 통증이 없어지면 약을 끊어도 됩니까? |
| B | Hayır, ilaçların tamamını bitirin. | 아닙니다, 약의 모두를 다 드세요. |

Bitirmek: 끝마치다, 끝내다 Bitirin: 끝내세요.

| | | |
|---|---|---|
| A | Ağrım geçti. Antibiyotiği kesebilir miyim? | 통증이 없어졌어요. 항생제를 중단할까요? |
| B | Hayır, tamamını bitirmelisiniz. | 아니오, 전부를 끝내셔야 합니다. |

ÜNİTE XI

### 1. Hastalık isimleri: 병명

Abse (Abscess) : 종기

Anjin, Bademcik İltihabı (Tonsillitis) : 편도선염

Apandisit (Appendicitis) : 맹장염

Astım (Asthma) : 천식

Ateş (Fever) : 열

Bel fıtığı : 허리 디스크

Boğmaca (Whooping-cough) : 백일해

Bronşit (Bronchitis) : 기관지염

Çıban (Boil) : 종기, 부스럼

Çiçek hastalığı (Smallpox) : 천연두, 마마

Difteri, Kuşpalazı (Diphtheria) : 디프테리아

Diyabet(Şeker Hastalığı) : 당뇨

Kabızlık (Constipation) : 변비

Grip (Influenza) (flu) : 독감

Gırtlak : 후두

İltihap (Inflammation) : 염증

İshal, Amel, Diyare (Diarrhoea) : 설사

Kabakulak (Mumps) : 이하선염

Kalp rahatsızlığı (Heart disease) : 심장병

Kanama (Bleeding) : 출혈

Kanser (Cancer) : 암

Kızamık (Measles) : 홍역

Mide bulantısı (Wamble) : 메스껍다

Nezle (Catarrh) : 콧물 감기

Prostat : 전립선

Romatizma (Rheumatism) : 류마티즘

Sıtma (Malaria) : 말라리아

Tifo (Typhoid) : 장티푸스

Tifüs (Typhus) : 발진티프스

Tiroit : 갑상선

Verem, Tüberkuloz (Tuberculosis) : 결핵

Zatürre (Pneumonia) : 폐렴

### *2. Hastane bölümleri: 병원진료과*

Acil Servis : 응급실

Adli Tıp Merkezi : 법의학 센터

Alerji Merkezi : 알레르기 센터

Anestezi : 마취

Check-up Merkezi : 검사센터

Cildiye : 피부과질환

Çocuk Cerrahisi : 소아외과

Dahiliye (İç Hastalıkları) : 내과

Dermatoloji : 피부병학

Diş Hastalıkları : 치과

Endokrinoloji : 내분비학

Fizik Tedavi ve Rehabilitasyon : 물리치료 및 재활

Gastroenteroloji (Mide ve Barsak Hastalıkları) : 위장병학

Genel Cerrahi : 일반외과

Göğüs Cerrahisi : 흉부외과

Göz Hastalıkları : 안과

Hematoloji : 혈액학

Hepatoloji (Karaciğer Hastalıkları) : 간의학

Jinekoloji (Kadın Hastalıkları) : 부인과

Kadın Hastalıkları ve Doğum : 산부인과

Kan İstasyonu : 혈액원

Kardiyoloji : 심장병학

Kulak-Burun-Boğaz : 이비인후과

Nöroloji : 신경과

Ortopedi ve Travmatoloji : 정형외과

Pediatri : 소아과

Psikiyatri : 정신과

Radyoloji : 방사선의학

Spor Hekimliği : 스포츠의학

Üroloji (Bevliye) : 비뇨기과

### *3. Organlar: 신체 부위명*

| | | |
|---|---|---|
| ağız | 입 | 아으즈 |
| akciğer | 폐 | 악지에르 |
| alın | 이마 | 알른 |
| anüs | 항문 | 아뉘스 |
| arka | 등 | 아르카 |
| ayak | 발 | 아약 |
| bacak | 다리 | 바작 |
| baş | 머리 | 바쉬 |
| beden | 몸, 신체 | 베덴 |
| boyun | 목 | 보윤 |
| böbrek | 신장 | 뵈브렉 |
| burun | 코 | 부룬 |
| cilt | 피부 | 질트 |
| çene | 턱 | 체네 |

ÜNİTE XI

| | | |
|---|---|---|
| dil | 혀 | 딜 |
| diş | 이 | 디쉬 |
| diz | 무릎 | 디즈 |
| dudak | 입술 | 두닥 |
| el | 손 | 엘 |
| göz | 눈 | 괴즈 |
| kalça | 엉덩이 | 칼차 |
| kalp | 심장 | 칼프 |
| karaciğer | 간 | 카라지에르 |
| kemik | 뼈 | 케믹 |
| kol | 팔 | 콜 |
| kulak | 귀 | 쿨락 |
| mide | 위 | 미데 |
| omuz | 어깨 | 오무즈 |
| parmak | 손가락 | 파르막 |
| sinir | 신경 | 시니르 |
| yanak | 볼 | 야낙 |
| yüz | 얼굴 | 위즈 |

## 1 Ettirgen: 사역형어미

**Ettirgen eylemde özne, işi birisine yaptırır veya yapılmasına neden olur.**

**fiil + Dİr / -t / -İr + zaman eki + kişi eki**

동사 + 사역형어미(**-Dİr / -t / -İr**) + 시제어미 + 인칭어미

**Örnek:** Hasta tahlil yaptırıyor.

Öğretmen öğrencilere kitap okutuyor.

Anne bebeğini erken yatırıyor.

**a) Sonu ünlü ile biten fiillerden sonra –t eki getirilir:**

ar**a**mak → ara***t***mak

bekl**e**mek → bekle***t***mek

ok**u**mak → oku***t***mak

yür**ü**mek → yürü***t***mek

yemek ve demek fiilleri ünlü ile bitse de –Dir ettirgen ekini alırlar

y**e**mek → ye***dir***mek

d**e**mek → de***dir***mek

İki veya daha fazla heceli olup sonu –r ile biten fiillerden sonra da –t ettirgen eki gelir:

onar**m**ak → onar***t***mak

otur**m**ak → otur***t***mak

getir**m**ek → getir***t***mek

**b) –Dir ve –İr ettirgen eklerinin kullanımında kesin kurallar yoktur:**

sormak → sor***dur***mak

açmak → aç***tır***mak

çalışmak → çalış***tır***mak

almak → al**dır**mak

yüzmek → yüz***dür***mek

sormak → sor***dur***mak

bitmek → bit***ir***mek

içmek → iç***ir***mek

düşmek → düş***ür***mek

pişmek → pış***ır***mek

yatmak → yat***ır***mak

uçmak → uç***ur***mak

gelmek, gitmek, görmek fiilleri için ettirgen anlam taşıyan ayrı fiiller vardır:

gelmek → getirmek

gitmek → götürmek

görmek → göstermek

## 2 Gereklilik (Zorunluluk) Bildiren Ekler

VI. Ünitede, gereklilik kipini vermiştik.

**Gereklilik Kipi:** 필수법어미

동사어간 + 필수법어미(-malı, -meli) + 인칭, 수 어미

| | | | |
|---|---|---|---|
| (Ben) | *fiil* + **-mAlIyIm** | → | (Ben) *gel***meli-y-im** |
| (Sen) | *fiil* + **-mAlIsIn** | → | (Sen) *dön***melisin** |
| (O) | *fiil* + **-mAlI** | → | (O) *otur***malı** |
| (Biz) | *fiil* + **-mAlIyIz** | → | (Biz) *öğren***meli-y-iz** |
| (Siz) | *fiil* + **-mAlIsInIz** | → | (Siz) *yap***malısınız** |
| (Onlar) | *fiil* + **-mAlIlAr** | → | (Onlar) *çalış***malılar** |

Türkçe'de zorunluluk belirten diğer ekler şunlardır:

필수(의무)를 나타내는 다른 어미

**a) –mAk zorunda olmak**

| | | | |
|---|---|---|---|
| (Ben) | *fiil* + **-mAk zorundayım** | → | (Ben) *gel***mek zorundayım** |
| (Sen) | *fiil* + **-mAk zorundasın** | → | (Sen) *dön***mek zorundasın** |
| (O) | *fiil* + **-mAk zorundasın** | → | (O) *otur***mak zorunda** |
| (Biz) | *fiil* + **-mAk zorundayız** | → | (Biz) *öğren***mek zorundayız** |
| (Siz) | *fiil* + **-mAk zorundasınız** | → | (Siz) *yap***mak zorundasınız** |

ÜNİTE XI

(Onlar) *fiil* + -**mAk zorundalar** → (Onlar) *çalış***mak zorundalar**

**b) –mAsİ gerekmek**

(Benim) *fiil* + -**mAm gerekiyor** → (Benim) *gel***mem gerekiyor**

(Senin) *fiil* + -**mAn gerekiyor** → (Senin) *dön***men gerekiyor**

(Onun) *fiil* + -**mAsİ gerekiyor** → (Onun) *otur***ması gerekiyor**

(Bizim) *fiil* + -**mAmİz gerekiyor** → (Bizim) *öğren***memiz gerekiyor**

(Sizin) *fiil* + -**mAnİz gerekiyor** → (Sizin) *yap***manız gerekiyor**

(Onların) *fiil* + -**mAlArİ gerekiyor** → (Onların) *çalış***maları gerekiyor**

**c) –mAsİ lazım**

(Benim) *fiil* + -**mAm lazım** → (Benim) *gel***mem lazım**

(Senin) *fiil* + -**mAn lazım** → (Senin) *dön***men lazım**

(Onun) *fiil* + -**mAsİ lazım** → (Onun) *otur***ması lazım**

(Bizim) *fiil* + -**mAmİz lazım** → (Bizim) *öğren***memiz lazım**

(Sizin) *fiil* + -**mAnİz lazım** → (Sizin) *yap***manız lazım**

(Onların) *fiil* + -**mAlArİ lazım** → (Onların) *çalış***maları lazım**

## 3 동사의 형용사적 용법

ÜNİTE XI

★ 동사의 형용사적 용법은 Ortaç 또는 Sıfat fiiller라고 하며, 동사가 형용사로 사용되는 형태를 말한다. Ortaç는 경우에 따라서 명사로 사용되기도 한다. Ortaç는 수동형, 사역형, 부정형, 시제 그리고 대명사적 어미를 각각 취할 수 있다. Ortaç는 3개의 시제로 나뉘어 사용된다.

1. 초월시제(Geniş zaman)
2. 미래시제(Gelecek zaman)
3. 과거시제(Geçmiş zaman)

1. 초월시제(**Geniş zaman**)

| -ar(-er, -ır, -ir, -ur, ür) | -an(-en) |
|---|---|

Erken uyanmak için çal**ar** saati kurdum.

Bu akşam lokantada dön**er** kebap yiyeceğiz.

Dünyada ok**ur** yaz**ar** insanların sayısı gittikçe çoğalıyor.

Bahçede oynay**an** öğrenci, futbolcudur.

Pazarda satıl**an** elbise, Kore'den ithal edilen maldır.

Bu problemi çöz**en** kişiye ödül verilecektir.

Bu problemi çöz**en**e ödül verilecektir.

(이 문장에서 -en이 명사형 어미로 사용됨)

2. 미래시제(**Gelecek zaman**)

| -acak, -ecek |
|---|

Ahmet, gel**ecek** yıl üniversiteye gidecek.

Bugünlerde dünyada inaılmay**acak** olaylar oluyor.

Bu kutuya kırıl**acak** eşyalar koyulmaz.

Ahmet'in anl**atacağ**-ı hikayeyi dinleyiniz. (anlat**acağ**-ı에서 -ı는 3인칭 대명사적 어미이며, -acak, -ecek에 대명사적 어미를 붙여 동사의 행위자는 나타낸다.

**해석:** 아흐멧이 설명할 이야기를 들으세요.)

인칭에 따른 변화 형태:

anlat-**acağ**-ım(내가 설명할) anlat-**acağ**-ımız(우리가 설명할)

anlat-**acağ**-ın(네가 설명할) anlat-**acağ**-ınız(당신,당신들이 설명할)

anlat-**acağ**-ı(그가 설명할) anlat-**acak**-ları(그들이 설명할)

3. 과거시제(**Geçmiş zaman**)

동사의 형용사적 용법 과거시제는 주로 대명사적 어미(소속어미)를 취한다. -dık은 형용사화 시켜주는 주체가 앞에 나온다.

예: (benim) bildiğim sorular에서 bil-diğ-im의 주체는 '나'(1인칭)이다. 즉, '아는 것'의 주체는 '내'(1인칭)가 된다.

**dık(-dik, -duk, -dük)**

Sen, o uzaktan gör**düğ**ün kandil ışığıyla ısınmışsındır.
Siz, benim 1980 yılından beri tanı**dığ**ım öğretmensiniz.
Öğretmen sınavda bil**diğ**im sorular sordu.
Yarın oku**duğ**unuz kitaplar getireceksiniz.
Bilme**diğ**iniz sorular varsa, hiç çekinmeden öğretmene soracaksınız.

인칭에 따른 변화 형태:

| | |
|---|---|
| gör-**düğ**-üm (내가 본) | gör-**düğ**-ümüz (우리가 본) |
| gör-**düğ**-ün (네가 본) | gör-**düğ**-ünüz (당신이 본, 당신들이 본) |
| gör-**düğ**-ü (그가 본) | gör-**dük**-leri (그들이 본) |

**-mış(-miş, -muş, -müş)**

İşçilere bit**miş** işlerin ücretini ödeyin.
Gönderil**miş** mektuplara cevap vereceğim.
Ağaçların altinda dökül**müş** elmaları gördüm.
Bunlar daha önce de görül**müş** olaylardır.

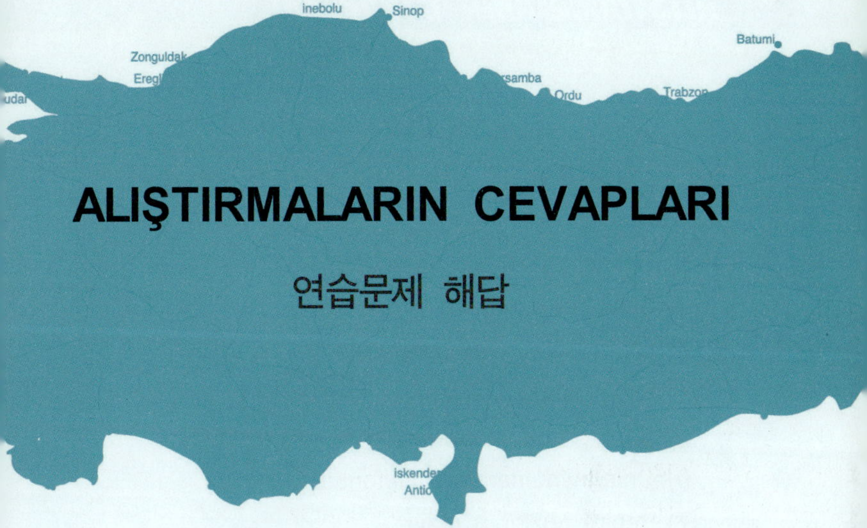


# ALIŞTIRMALARIN CEVAPLARI

## 연습문제 해답

# ALIŞTIRMALARIN CEVAPLARI

## ÜNİTE I

01
1) Benim telefonum Samsung.
2) Senin evin nerede?
3) Onun öğretmeni Koreli.
4) Bizim işimiz çok zor.
5) Sizin arabanız çok güzel.
6) Onların numaraları telefonda.
7) Benim gözlerim mavi.
8) Senin gülün kırmızı.
9) Onun okulu Seul'de.
10) Bizim kızımız öğrenci değil.
11) Sizin kameranız Sony mi?
12) Onların kitapları masada.

02
1) Ben çok güzelim.
2) Sen Türksün.
3) O Koreli.
4) Biz öğretmeniz.
5) Siz memnunsunuz.
6) Onlar Kolej'deler.
7) Ben mutluyum.
8) Sen neredesin?

9) O İstanbullu.
10) Biz sinemadayız.
11) Siz okuldasınız.
12) Onlar parktalar.

03
1) Kim, Koreli mi?
Evet, o Koreli.
2) Öğretmen Türk mü?
Hayır, o Türk değil.
3) Ankara'da TÖMER var mı?
Evet, Ankara'da TÖMER var.
4) Lee Türkiye'de mutlu mu?
Evet, o Türkiye'de mutlu.
5) Korece mi öğreniyorsun?
Hayır, Türkçe öğreniyorum.
6) Şimdi eve mi gidiyorsun?
Evet, eve gidiyorum.
7) Siyah çay mı içiyorsunuz?
Hayır, yeşil çay içiyorum / içiyoruz.
8) Bu öğrenci İspanyol mu?
Evet, o İspanyol.
9) O doktor Seullü mü?
Hayır, o Pusanlı.

10) Öğretmen Amerikalı **mı**?
Evet, o Amerikalı.

11) Tarkan İspanyol **mu**?
Hayır, o Türk.

12) Arabamız parkta **mı**?
Evet, arabanız parkta.

04 1) (+) Ben bu okulu çok sev**iyorum**.
2) (+) Sen nerede Türkçe öğreni**yorsun**?
3) (+) O sinemaya öğretmenle gi**diyor**.
4) (+) Biz lokantada yemek y**iyoruz**.
5) (+) Siz eve taksiyle dön**üyorsunuz**.
6) (+) Onlar nereden alışveriş yap**ıyorlar**?
7) (—) Ben Korece bil**miyorum**.
8) (—) Sen okula git**miyorsun**.
9) (—) O lokantada çalış**mıyor**.
10) (—) Biz İstanbul'da oturm**uyoruz**.
11) (—) Siz beni tanı**mıyorsunuz**.
12) (—) Onlar “günaydın!” de**miyorlar**.

## ÜNİTE II

01
1) Ahmet ile Ayşe sinemaya gidiyorlar.
2) Çocuklar bahçeye giriyorlar.
3) Annem ve babam eve dönmüyorlar.
4) Öğrenciler filme bakıyorlar.
5) Benim öğretmenim Türkiye'ye gitmek istiyor.
6) Bugün Türk arkadaşlarım Seul'e geliyorlar.
7) Okuldan sonra tiyatroya geçiyorlar mı?
8) Alışverişten önce bankaya gidiyorum.
9) Ankara'ya değil, İzmir'e dönüyorum.
10) Affedersiniz! Kime bakıyorsunuz?
11) Kuzey ile Zeynep nereye gidiyorlar?
12) Telefon numaranı *bana* veriyor musun?

02
1) Koreli öğrenciler TÖMER'de Türkçe öğreniyorlar.
2) Türk öğretmen lokantada yemek yiyor.
3) Bizim evimiz Kolej'de.
4) Doktor bu evde oturuyor.
5) Öğrenciler sınıfta televizyon seyrediyorlar.
6) *Onda* benim numaram var mı?
7) Ağaçta kuşlar var.

8) Çocuklar parkta top oynuyorlar.
9) Bu iki öğrenci nerede oturuyor?
10) İki arkadaş bankada buluşuyor.
11) Komşular sokakta karşılaşıyorlar.
12) Babam Avrupa'da çalışıyor.

03 1) Annem mağazadan geliyor.
2) Onun babası taksiden iniyor.
3) Sizin eşiniz hangi kasaptan alışveriş yapıyor.
4) Çocuklar parktan dönüyorlar.
5) Bu gençten hoşlanıyor musunuz?
6) Bu öğrenciler nereden geliyorlar?
7) Kadın pencereden sokağa bakıyor.
8) Zeynep Ankara'da yaşamaktan çok memnun.
9) Alışverişten sonra eve dönmüyor mu?
10) Sinemadan önce kitapçıya gidiyoruz.
11) Öğrenci bu sınıftan çıkıyor.
12) Et ve peyniri hangi marketten alıyorsun?

04 1) Öğretmen bu öğrenciyi tanımıyor.
2) Çocuklar sınıfı bilmiyorlar.
3) Koreliler İstanbul'u çok seviyorlar.
4) Ben bu otobüsü hiç beğenmiyorum.

5) MSN'de Ahmet'i her gün görüyorum.
6) Tamam! Bu arabayı alıyoruz.
7) *Onu* gördüğüme çok sevindim.
8) Türkçe'yi Türkiye'de öğreniyoruz.
9) Annemi ve babamı çok özledim.
10) Kuzey, Ayşe'yi çok beğeniyor.
11) Yarın Zeynep'i telefonla arayacağım.
12) Lütfen, bu pantolonu deneyin.

## ÜNİTE III

01
1) ( + ) (Sen) Lütfen benimle gel!
2) ( + ) (O) Sinemaya sizinle gitsin!
3) ( + ) (Siz) Bu kitabı okuyun(uz)!
4) ( + ) (Onlar) TÖMER'de Türkçe öğrensinler!
5) ( + ) (Ben) Bir kahve alayım.
6) ( + ) (Biz) Türkiye'ye birlikte dönelim.
7) (—) (Sen) Benim telefon numaramı kaydetme!
8) (—) (O) Bu arabaya binmesin!
9) (—) (Siz) Bu marketten alışveriş yapmayın(ız)!
10) (—) (Onlar) Gece kahve içmesinler!
11) (—) (Ben) Seninle aynı evde oturmayayım.
12) (—) (Biz) Bu arabayı kullanmayalım.

02
1) ( + ) (Ben) Ayakkabıyı bu mağazadan al**dım**.
2) ( + ) (Sen) Bu hafta hangi filmi izle**din**?
3) ( + ) (O) Hangi kravatı dene**di**?
4) ( + ) (Biz) Geçen yıl İstanbul'da evlen**dik**.
5) ( + ) (Siz) Bugün işten erken dön**dünüz**.
6) ( + ) (Onlar) Sebze ve meyve almak iste**diler**.
7) (—) İki öğrenci bugün okula gel**medi**.
8) (—) Çocuk geçen hafta ders çalış**madı**.
9) (—) Öğrenciler derste Korece konuş**madılar**.
10) (—) Bu kız cep telefonunu aç**madı**.
11) (—) Ben Kore'de metro ve otobüste kredi kartımı kullan**madım**.
12) (—) Siz benim telefon numaramı kaydet**mediniz**.

03
1) 23 yirmi üç
2) 28 yirmi sekiz
3) 34 otuz dört
4) 37 otuz yedi
5) 41 kırk bir
6) 49 kırk dokuz
7) 52 elli iki
8) 55 elli beş
9) 176 yüz yetmiş altı

10) 483 dört yüz seksen üç
11) 1990 bin dokuz yüz doksan
12) 2007 iki bin yedi

04 1) ayakkabının numarası
2) patatesin kilosu
3) sütün litresi
4) etin fiyatı
5) çocuğun sütü
6) marketin adı
7) okul müdürü
8) ders kitabı
9) sezon indirimi
10) adres defteri
11) metro durağı
12) sebze reyonu

## ÜNİTE IV

01 1) ( + ) (Ben) Her sabah saat yedide kahvaltı yaparım.
2) ( + ) (Sen) Bugün benimle okula gelir misin?
3) ( + ) (O) Yağlı ve baharatlı yemekleri sever.

4) (+) (Biz) Türk kahvesini tercih ederiz.
5) (+) (Siz) Yemekten sonra çay içersiniz.
6) (+) (Onlar) Cumartesi ve Pazar günleri dershaneye giderler.
7) (—) Müşteriler sigaralı bölümde yemek yemek istemezler.
8) (—) Annem yemekle birlikte içecek almaz.
9) (—) Bu adam yaramaz çocukları hiç sevmez.
10) (—) Onlar okula gitmek için taksiye binmezler.
11) (—) Ben bu lokantada asla etli yemek yemem.
12) (—) Biz sizinle eve dönmeyiz.

02 1) (+?) (Ben) Affedersiniz, buraya oturabilir miyim?
2) (+) (Sen) Bana kalemini verebilir misiniz?
3) (+) (O) Bu gece bu kitabı bitirebilir.
4) (+?) (Biz) Sizinle bu kafede birer Türk kahvesi içebilir miyiz?
5) (+) (Siz) Korece konuşabilirsiniz.
6) (+) (Onlar) Korece'yi bir yılda öğrenebilirler.
7) (+) Bu öğrenciler Türklerle Türkçe anlaşabilirler.
8) (+) Neşe bu akşam eve geç dönebilir.
9) (+) Koreliler Türk yemeklerini yiyebilirler.
10) (+) Ben bugün iki porsiyon tatlı alabilirim.
11) (+) Bu markette tavuk pahalı olabilir.

12) (+?) Alo! Ben Bayram. Mehmet Beyle görüş**ebilir miyim**?

03 1) Çocuklar, anne **ve** babaları**yla** birlikte yemek yemek isterler.
2) Zeynep arkadaşlarını **ve** kardeşini çok sever.
3) Ayşe **ile** Ali geçen yıl burada evlendiler. Şimdi bir çocukları var.
4) Ben de ***sizinle*** tiyatroya gidebilir miyim?
5) Lee, Kim'**le** nerede tanıştı?
6) Okuldan sonra sinemaya gittim **ve** güzel bir film izledim.
7) Tolga **ile** Müge, birlikte kahvaltı ettiler **ve** evden birlikte çıktılar.
8) Kahvaltıda zeytin **ve** peynir yerim.
9) Anneme, kardeşime **ve** ablama mektup yazdım.
10) Kore'den uçak**la** mı, gemi**yle** mi dönelim?
11) Bugün okula bisiklet**le** gitme, hava çok soğuk.
12) Biz taksi**yle** döneceğiz, ***bizimle*** gelmek ister misin?

04 1) Çin**li** turistler İstanbul'u çok sevdiler.
2) C vitamini almak için salatayı limon**lu** yiyebilirsin.
3) Türkler genellikle şeker**li** çay içerler.
4) Koreliler baharat**sız** yemekleri tercih ediyorlar.

5) Çocuklar, lütfen sigara**sız** bölümde oturunuz.
6) Her sabah peynir**li** ve zeytin**li** poğaça alırım.
7) Ahmet Ankara**lı**, arkadaşı ise İstanbul**lu**.
8) İzmir**li** kızlar çok güzel olurlar.
9) Lütfen, etler yağ**sız** olsun! Çünkü çok kilo alıyorum.
10) Süt**süz** kahveyi tercih ederim, çünkü sütü sevmem.
11) Garson! Bir elma**lı** yaş pasta alabilir miyim?
12) Çocuklar çikolata**lı** dondurmayı çok severler.

## ÜNİTE V

01
1) ( + ) (Ben) bugün otel için rezervasyon yaptır**acağım**.
2) ( + ) (Sen) bol bol dinlen**eceksin**.
3) (+?) (O) bu evden memnun kal**acak mı**?
4) ( + ) (Biz) derste öğretmeni dinle**yeceğiz**.
5) (+?) (Siz) şezlongda güneşlen**ecek misiniz**?
6) ( + ) (Onlar) bu akşam odada televizyon seyre**decekler**.
7) (—) Turistler buraya gel**meyecekler**.
8) (—) O, bugün sizinle sinemaya git**meyecek**.
9) (-?) O kız bizimle oraya gel**meyecek mi**?
10) (-?) Şu çocuk kahvaltı yap**mayacak mı**?
11) (-?) Ben orada kitap oku**mayacak mıyım**?

12) (—) Üzgünüm, kızım seninle görüş**meyecek**.

02 1) Bu film çok uzun. Bu filmler çok uzun.
Bunlar çok uzun.
2) Şu kız üniversitede öğrencidir. Şu kızlar üniversitede öğrencidirler.
Şunlar öğrencidirler.
3) O kitap çantadadır. O kitaplar çantadadır.
Onlar çantadadır.
4) Bu arabayı çok seviyorum. Bu arabaları çok seviyorum.
Bunları çok seviyorum.
5) Şu defteri verir misiniz? Şu defterleri verir misiniz?
Şunları verir misiniz?
6) numarayı not ediniz! O numaraları not ediniz!
Onları not ediniz.
7) Bu sinemaya gittin mi? Bu sinemalara gittin mi?
Buralara gittin mi?
8) Şu otele bakar mısın? Şu otellere bakar mısın?
Şuralara bakar mısın?
9) O lokantaya gidelim. O lokantalara gidelim.
Oralara gidelim.
10) Bu masada ekmek yok. Bu masalarda ekmek yok.
Buralarda ekmek yok.

11) Şu markette indirim var. Şu marketlerde indirim var.
Şuralarda indirim var.

12) O adamdan hoşlanmıyorum. O adamlardan hoşlanmıyorum.
Onlardan hoşlanmıyorum.

## ÜNİTE VI

01
1) ( + ) (Ben) bugün anneme telefon et**meliyim**.
2) ( + ) (Sen) yarın Pusan'a erken dön**melisin**.
3) ( + ) (O) yarın sabah erken kalk**malı**.
4) ( + ) (Biz) bu akşam otelden ayrıl**malıyız**.
5) ( + ) (Siz) bu konuyu müdürle görüş**melisiniz**.
6) ( + ) (Onlar) bu filmi seyret**meliler**.
7) (—) Bu çocuk parka yalnız git**memeli**.
8) (—) Siz orada uzun zaman kal**mamalısınız**.
9) (—) Sen artık bu adamla konuş**mamalısın**.
10) (—) Biz bu mesaja cevap ver**memeliyiz**.
11) (—) O, geç saatte müzik dinle**memeli**.
12) (—) Sen kesinlikle babanın arabasını kullanma**malısın**.

02
1) Arkadaşının arabası*na* binmek istemiyorum.
2) Sen onun mail adresi*ni* yazmalısın.

3) Ahmet, telefon numarasını değiştirdi.
4) Onunla öğretmenler odasında görüştüm.
5) Bu meyveleri Beğendik alışveriş merkezinden aldım.
6) Koreli öğrenci, Milli Piyango Yurdunda kalıyor.
7) Bu adam çok zengin. Şehir merkezinde oturuyor.
8) Sizleri babamın doğum gününe davet ediyorum.
9) Metroda çıkış kapısını bulamadım.
10) Sinemanın önünde buluştuk.
11) Bilgisayarın markasını bilmiyorum.
12) Fotoğraf makinesinde birçok resim var.

## ÜNİTE VII

01 1) ( + ) (Ben) evden aceleyle çıktım. Uçak biletimi evde unutmuşum.
2) ( + ) (Sen) dün sinemaya gitmişsin. Annen söyledi.
3) ( + ) (O) İstanbul'a yalnız dönmüş. Telefonda söyledi.
4) ( + ) (Biz) saat ona kadar uyumuşuz. Saate bakınca anladık.
5) ( + ) (Siz) pasaportunuzu düşürmüşsünüz. Yolda buldum.
6) ( + ) (Onlar) yeni bir ev almışlar. Kardeşim söyledi.

7) (—) Gazetede okudum. Başbakan Ankara'ya geç**memiş**.

8) (—) Aaa! Ahmet, bu saate kadar yemek ye**memiş**.

9) (—) Bu çocuk bugüne kadar annesini gör**memiş**.

10) (—) Yarın Ali'nin sınavı var, ama hiç çalış**mamış**.

11) (—) Funda'dan duydum. Kore'de baklava yok**muş**.

12) (—) Bakın! Kimse gel**memiş**.

02

1) 21. yirmi birinci

2) 23. yirmi üçüncü

3) 34. otuz dördüncü

4) 37. otuz yedinci

5) 42. kırk ikinci

6) 48. kırk sekizinci

7) 55. elli beşinci

8) 51. elli birinci

9) 134. yüz otuz dördüncü

10) 546. beş yüz kırk altıncı

11) 2340. iki bin üç yüz kırkıncı

12) 5009. beş bin dokuzuncu

## ÜNİTE VIII

01

| | | | |
|---|---|---|---|
| 1) | 01:24 | Saat kaç? | Saat biri yirmi dört geçiyor. |
| 2) | 02:18 | Saat kaç? | Saat ikiyi yirmi sekiz geçiyor. |
| 3) | 03:15 | Saat kaç? | Saat üçü çeyrek geçiyor. |
| 4) | 04:30 | Saat kaç? | Saat dört buçuk. |
| 5) | 05:35 | Saat kaç? | Saat altıya yirmi beş var. |
| 6) | 06:45 | Saat kaç? | Saat yediye çeyrek var. |
| 7) | 07:50 | Saat kaç? | Saat sekize on var. |
| 8) | 08:11 | Saat kaç? | Saat sekizi on bir geçiyor. |
| 9) | 09:58 | Saat kaç? | Saat ona iki var. |
| 10) | 10:27 | Saat kaç? | Saat onu yirmi yedi geçiyor. |
| 11) | 11:40 | Saat kaç? | Saat on ikiye yirmi var. |
| 12) | 12:10 | Saat kaç? | Saat on ikiyi on geçiyor. |

02

1) 13:12 Saat kaçta işten çıkacak?

Saat biri on iki geçe işten çıkacağım.

Saat on üç on ikide işten çıkacağım.

2) 12:35 Saat kaçta okula döndü?

Saat bire yirmi beş kala okula döndü.

Saat on iki otuz beşte okula döndü.

3) **17:45** Saat kaçta metroya bindi?
Saat altıya çeyrek kala metroya bindi.
Saat on yedi kırk beşte metroya bindi.

4) **15:30** Sinemaya saat kaçta gitmiş?
Sinemaya saat üç buçukta gitmiş.
Sinemaya saat on beş otuzda gitmiş.

5) **22:15** Parti saat kaçta başlayacak?
Parti saat onu çeyrek geçe başlayacak.
Parti saat yirmi iki (çeyrekte) on beşte başlayacak.

6) **21:21** Lokanta saat kaçta kapandı?
Lokanta saat dokuzu yirmi bir geçe kapandı.
Lokanta saat yirmi bir yirmi birde kapandı.

7) **10:38** Müdür saat kaçta geldi?
Müdür saat on bire yirmi iki kala geldi.
Müdür saat on otuz sekizde geldi.

8) **13:23** Bankaya saat kaçta vardın?
Bankaya saat biri yirmi üç geçe vardım.
Bankaya saat on üç yirmi üçte vardım.

9) **03:34** Bebek saat kaçta uyanmış?
Bebek saat dörde yirmi altı kala uyanmış.
Bebek saat (sıfır) üç otuz dörtte uyanmış.

10) **02:05** Saat kaçta işten döndü?
Saat ikiyi beş geçe işten döndü.
Saat (sıfır) iki sıfır beşte işten döndü.

11) **07:15** Saat kaçta kahvaltı yapar?
Saat yediyi çeyrek geçe kahvaltı yapar.
Saat (sıfır) yedi çeyrekte (on beşte) kahvaltı yapar.

12) **05:25** Saat kaçta doktora gitmiş?
Saat beşi yirmi beş geçe doktora gitmiş.
Saat (sıfır) beş yirmi beşte doktora gitmiş.

## ÜNİTE IX

1) Gar → Market
Gardan sola dönün. Sağda ikinci sokağa girin.
Market solda.

2) Gar → Sinema
Gardan sola dönün. Sağda ikinci sokağa girin.
Sinema sağda. Lokantanın yanında.

3) Gar → Mağaza
Gardan sola dönün. Sağda birinci sokağa girin.
Karşıya geçin. Mağaza solda.

4) Gar → Kasap

Gardan sağa dönün. Solda birinci sokağa girin. Karşıya geçin. Kasap solda.

5) Gar → Metro

Gardan sola dönün. Önce sağda birinci sokağa, sonra solda birinci girin. Metro solda.

# 터키어회화 첫걸음

초판 1쇄 발행 2007년 8월 20일
초판 2쇄 발행 2009년 3월 20일
초판 3쇄 발행 2012년 8월 30일

지은이 ▪ 김 대 성
발행인 ▪ 박 철
발행처 ▪ 한국외국어대학교 출판부
130-791 서울특별시 동대문구 이문로 107
전화 : (02)2173-2495 ~7
팩스 : (02)2173-3363
홈페이지 : http://press.hufs.ac.kr
전자우편 : press@hufs.ac.kr
출판등록 ▪ 제6-6호(1969. 4. 30)
편집 · 디자인 ▪ (주)이환디앤비 (02)2254-4301
인쇄 · 제본 ▪ 동화인쇄공사(주) (02)719-7181

ISBN 978-89-7464-454-3 18790 정가 13,000원(mp3 CD포함)